China
차이나 파노라마
Panorama

-기초회화편-

语文出版社，2001年6月
原著作版权归语文出版社所有

中华人民共和国教育部
对外汉语教学发展中心 组编审订

顾问：姜明宝 吕必松
主编：吕必松
编者：李爽 陈莉
语文出版社授权韩国东洋文库出版版本和出版范围

中央广播电视大学音像出版社
原著作版权归中央广播电视大学音像出版社所有
全部著作由中华人民共和国对外汉语教学发展中心 组编审订

《中国全景 – 初级汉语》
主编：吕必松
录音，剪辑：梁徐承

《中国全景 – 中级汉语》
主编：吴叔平
录音，剪辑：梁徐承

《中国全景 – 汉语语音导入》
主编：吴叔平
录音，剪辑：梁徐承

차이나 파노라마 기초회화편

초판 1쇄 2003년 5월 7일 │ 초판 7쇄 2007년 9월 3일
저자 중국인민공화국 교육부·대외한어교육발전센터 │ 발행인 김태웅 │ 발행처 동양문고·상상공방
편집 강은하 │ 디자인 안성민 │ 영업 이길구, 김부현, 김지현, 박종원, 이용주, 한승엽 │ 제작 이시우
등록일자 1993년 4월 3일 │ 등록번호 제 10-806호
주소 (121-841) 서울시 마포구 서교동 463-16호 │ 전화 (02)337-1737 │ 팩스 (02)334-6624
http://www.dongyangbooks.com │ ISBN 89-8300-319-7 03720

ⓒ2003 by Language & Culture Press

'차이나 파노라마'는 중화인민공화국 교육부 대외한어교학 발전센터가 중국어교육에 종사하는 교수 및 전문가를 초빙하여 편찬한 교재시리즈이다.

'차이나 파노라마'는 최초로 국외의 중국어학습자를 위해 특별 제작한 대규모 텔레비전 시리즈 교재이며 중국어를 모국어로 하지 않는 사람에게 가장 이상적인 학습서이다.

본 기초회화편은 '차이나 파노라마'의 《初级汉语》를 한국의 실정에 맞추어 재구성한 것으로 구체적인 내용과 특징은 다음과 같다.

1. 본 교재를 모두 배우게 되면 420여 개 기본어휘와 56여 개의 문형 및 800여 개의 문장을 익히게 되어 중국에서 물건사기, 택시타기, 음식주문 등의 기초적인 사회활동을 할 수 있게 된다.

2. 본 기초회화편은 총 20과로 이루어져 있다. 제 20과에 문형연습이 없는 것을 제외하고 매 과는 새 단어, 회화, 본문해설, 문형연습으로 구성되어 있다.

   1) 새 단어 – 해당 과에 언급한 새 단어를 본문의 앞에 두어 학습자가 본문을 배우기에 앞서 단어를 몰라 부딪치는 어려움을 말끔히 해결해 주었다. 단어는 우선 《汉语水平词汇和汉字等级大纲(한어수평단어와 한자 등급대강)》을 기준으로 하여 그 중에서 갑급단어에 해당하는 것을 골라 사용하였다. 일부 단어들은 "大纲"의 범위를 벗어나기도 하지만 현대생활에서 일반적으로 널리 쓰이는 것들이다.

   2) 회화 – 에피소드에 해당하는 이 부분은 팡쉐친이라는 중국 커리어우먼이 처음부터 끝까지 등장하면서 그녀의 가정, 직장, 생활, 사랑 방면을 둘러싸고 상황이 전개된다. 이 회화는 일정한 줄거리를 가지고 있으며 학업 성취도에 따라 이야기도 발전해 나가는 형식을 취하고 있다. 하지만 상품의 가격이나 인물, 회사 등의 이름 및 세부사항이 모두 가르치기에 쉽도록 편의상 설정된 허구이며 실제상황은 아님을 명심해야 한다.

   3) 본문해설 – 본문의 중요한 언어현상에서 대해 설명을 하여 기본단어와 문장의 사용법을 이해하고 활용할 수 있도록 했다. 단어, 문법, 활용법 심지어 한자 등의 다방면에 걸쳐 설명했다.

   4) 문형연습 – 대체연습에 해당되는 이 문형연습은 테이프에 녹음이 되어있어 듣고 말하기 연습에 활용될 수 있다.

3. 중국에서 가장 많이 쓰이는 최신 표현들로 회화가 구성되어 있어 바로 익혀 활용할 수 있는 교재이다.

차 례

팡쉐친(주인공)

리원룽(팡쉐친의 남자친구)

팡쉐친의 어머니

팡쉐친의 아버지

띵루루(팡쉐친의 친구)

짜오텐휘(팡쉐친의 직장동료)

양리(팡쉐친의 직장동료)

텐훙깡(팡쉐친의 직장동료)

开始

- 시작 -

您要剪什么发型?
Nín Yào Jiǎn Shénme Fàxíng?
어떤 헤어스타일로 잘라 드릴까요?

● 剪	[jiǎn]	자르다, 깎다
● 头发	[tóufa]	머리카락, 두발
● 烫	[tàng]	파마하다
● 要	[yào]	원하다, 필요로 하다
● 发型	[fàxíng]	헤어스타일, 머리형
● 还	[hái]	아직, 여전히
● 愿意	[yuànyi]	원하다, 바라다
● 行	[xíng]	된다, 좋다, 가능하다
● 留	[liú]	남기다, 유지하다
留头发	[liú tóufa]	머리를 기르다
留胡子	[liú húzi]	수염을 기르다
● 长	[cháng]	길다
● 理发师	[lǐfàshī]	이발사, 미용사
● 男孩	[nánhái(r)]	남자아이, 소년
● 丙	[bǐng]	병 (천간의 셋째)

| 고유명사 |

● 长城	[Chángchéng]	만리장성

제1과 **9**

미용실에 가서 미용사에게 어떻게 요구사항을 말하고 자신의 희망을 표현할까? 쉐친이 머리를 자르려고 하는데 우리 그녀가 어떻게 말하는지 살펴보자.

(팡쉐친이 미용실로 들어간다)

理发师 _ 小姐，您是剪头发还是烫头发?
Xiǎojie, nín shì jiǎn tóufa háishi tàng tóufa?

方雪芹 _ 剪头发。请问，多少钱?
Jiǎn tóufa. Qǐng wèn, duōshao qián?

理发师 _ 二十五块。请坐。
Èr shí wǔ kuài. Qǐng zuò.

(팡쉐친이 앉고 미용사가 그녀에게 이발용 망토를 두른다)

理发师 _ 小姐，您要剪什么发型?
Xiǎojie, nín yào jiǎn shénme fàxíng?

方雪芹 _ (자신의 머리를 가리키며) 还剪这个发型。
Hái jiǎn zhège fàxíng.

(팡쉐친이 머리를 자를 때, 갑자기 한 남자아이의 울음소리가 들린다)

男孩 _ 我不愿意剪头发。
Wǒ bú yuànyi jiǎn tóufa.

妈妈 _ 不行。
Bù xíng.

男孩 _ 我要留长头发。
Wǒ yào liú cháng tóufa.

妈妈 _ 你不能留长头发。
Nǐ bù néng liú cháng tóufa.

男孩 _ 为什么? 为什么不行?
Wèishénme? Wèishénme bù xíng?

본문해설

I 조동사 要

예 您 要 剪 什么 发型?
Nín yào jiǎn shénme fàxíng?
| 어떤 헤어스타일로 잘라드릴까요?

"要"는 조동사로서 '어떤 일을 하고 싶거나 할 계획이다'라는 의미를 나타낸다. "想"과 비교했을 때 "要"가 나타내는 희망이나 의지가 더 강하다. 이것을 부정할 경우 일반적으로 "不要"라 하지 않고 "不想"을 쓴다.

① 甲_ 你 要 喝 咖啡 吗?
Nǐ yào hē kāfēi ma?
| 커피 드실래요?

乙_ 谢谢, 我 不 想 喝 咖啡。
Xièxie, wǒ bù xiǎng hē kāfēi.
| 고맙지만 커피는 마시고 싶지 않아요.

② 甲_ 你 要 买 这 本 书 吗?
Nǐ yào mǎi zhè běn shū ma?
| 당신은 이 책을 사시겠어요?

乙_ 不, 我 不 想 买。
Bù, wǒ bù xiǎng mǎi.
| 아니요, 나는 사고 싶지 않아요.

③ 甲_ 我 要 去 长城,   你 想 去 吗?
Wǒ yào qù Chángchéng, nǐ xiǎng qù ma?
| 나는 만리장성에 가려고 하는데, 당신 가실래요?

乙_ 我 不 想 去。
Wǒ bù xiǎng qù.
| 나는 가고 싶지 않아요.

"要" 는 동사가 될 수 있으며 획득하고 싶음을 나타낸다. 부정형은 "不要" 를 쓴다.

甲 _ 你 要 什么?
Nǐ yào shénme?
| 당신은 무엇을 드시겠어요?

乙 _ 我 要 一 瓶 啤酒。
Wǒ yào yì píng píjiǔ.
| 나는 맥주 한 병 주세요.

甲 _ 你 也 要 啤酒 吗?
Nǐ yě yào píjiǔ ma?
| 당신도 맥주를 드시겠어요?

丙 _ 我 不 要 啤酒。
Wǒ bú yào píjiǔ.
| 나는 맥주 필요 없어요.

2 조동사 愿意

예 我 不 愿意 剪 头发。
Wǒ bú yuànyi jiǎn tóufa.
| 나는 머리를 자르고 싶지 않다.

"愿意" 는 마음 속에서 어떤 일을 하고 싶거나 어떤 일을 하는 것에 찬성함을 나타낸다.

① 甲 _ 小 王 想 学 英语, 你 愿意 教 他 吗?
Xiǎo Wáng xiǎng xué Yīngyǔ, nǐ yuànyi jiāo tā ma?
| 샤오 왕은 영어공부를 하고 싶어하는데, 당신 그를 가르쳐 주시겠어요?

乙 _ 当然 愿意。
Dāngrán yuànyi.
| 당연하죠.

② 甲 _ 你 愿意 不 愿意 陪 我 去 商店?
Nǐ yuànyi bú yuànyi péi wǒ qù shāngdiàn?
| 당신은 나를 데리고 상점에 가 주시겠어요?

乙＿　我　不愿意　去　商店。
Wǒ bú yuànyi qù shāngdiàn.
| 나는 상점에 가고 싶지 않아요.

3 부사 还

🔵 还　剪　这个　发型。
Hái jiǎn zhège fàxíng.
| 이 헤어스타일 그대로 잘라 주세요.

"还"는 동작과 상태의 중복이나 지속을 나타낸다. '여전히, 아직'의 뜻이다.

① 甲＿　咱们　中午　吃　饺子，晚上　吃　什么?
Zánmen zhōngwǔ chī jiǎozi, wǎnshang chī shénme?
| 우리는 점심에 만두를 먹었는데 저녁에는 무엇을 먹죠?

乙＿　晚上　还吃　饺子。
Wǎnshang hái chī jiǎozi.
| 저녁에도 만두를 먹어요.

② 甲＿　你　为什么　还　不　起床?
Nǐ wèishénme hái bù qǐchuáng?
| 당신은 왜 아직도 일어나지 않는 거죠?

乙＿　我　还　想　睡　一会儿。
Wǒ hái xiǎng shuì yíhuìr.
| 나는 좀더 자고 싶어요.

또한 "还"는 보충할 것이 있음을 나타내며 '이밖에'의 뜻을 가지고 있다.

① 甲＿　你　今天　忙　不　忙?
Nǐ jīntiān máng bù máng?
| 당신은 오늘 바쁜가요?

乙＿　我　很　忙。我　得　上班，晚上　还　得　上课。
Wǒ hěn máng. Wǒ děi shàngbān, wǎnshang hái děi shàngkè.
| 나는 바빠요. 나는 출근을 해야하고 저녁에는 또 수업을 들어야 해요.

② 甲_ 你要 什么?
Nǐ yào shénme?
| 무엇을 드시겠어요?

乙_ 我要 半斤饺子，还要一瓶 啤酒。
Wǒ yào bàn jīn jiǎozi,   hái yào yì píng píjiǔ.
| 만두 반 근 주시고, 맥주도 한 병 주세요.

4 동사 行

예 不 行。
Bù xíng.
| 안 돼요.

"行"은 "可以"와 같이 '~해도 된다'의 의미이다. 승낙할 때 사용하며 뒤에 빈어(목적어)가 올 수 없다. 부정형 "不行"은 어기가 비교적 강하고 딱딱하여 윗사람이 아랫사람에게 주로 사용한다.

① 甲_ 我六点来，行 吗?
Wǒ liù diǎn lái,   xíng ma?
| 내가 6시에 와도 될까요?

乙_ 行。
Xíng.
| 그렇게 하세요.

② 孩子_ 我 想 买新衣服，行不行?
Wǒ xiǎng mǎi xīn yīfu,   xíng bù xíng?
| 새 옷을 사고 싶은데, 그래도 돼요?

妈妈_ 不 行。你不能 买新衣服。
Bù xíng. Nǐ bù néng mǎi xīn yīfu.
| 안 돼, 너는 새 옷을 사면 안 돼.

문형연습 **

1 보기와 같이 문장을 완성하세요.

┤보기├

女 ＿ 我 想 买 一 瓶 香水儿。
Wǒ xiǎng mǎi yì píng xiāngshuǐr.
│나는 향수 한 병을 사고 싶어요.

学生 ＿ 她 是 想 买 洗发水儿 还是 想 买 香水儿?
Tā shì xiǎng mǎi xǐfàshuǐr háishi xiǎng mǎi xiāngshuǐr?
│그녀는 샴푸를 사고 싶어하는가 향수를 사고 싶어하는가?

答 ＿ 她 想 买 香水儿。
Tā xiǎng mǎi xiāngshuǐr.
│그녀는 향수를 사고 싶어한다.

① 男 ＿ 我 要买 一 块 香皂。
Wǒ yào mǎi yí kuài xiāngzào.

学生 ＿ _____ ?

答 ＿ 他 要 买 香皂。
Tā yào mǎi xiāngzào.

② 女 ＿ 我 喜欢 这 个 牌子 的 香水儿。
Wǒ xǐhuan zhèige páizi de xiāngshuǐr.

学生 ＿ _____ ?

答 ＿ 她 喜欢 这 个 牌子 的 香水儿。
Tā xǐhuan zhèige páizi de xiāngshuǐr.

营业时间
9:00-21:30

③ 男 ＿ 银行 九 点 开门,不是 八 点 开门。
Yínháng jiǔ diǎn kāimén, bú shì bā diǎn kāimén.

学生 ＿ _____ ?

答 ＿ 银行 九 点 开门。
Yínháng jiǔ diǎn kāimén.

🔍 보충단어

● 香水儿 [xiāngshuǐr] 향수 ● 香 [xiāng] 향기롭다 ● 洗发水儿 [xǐfàshuǐr] 샴푸
● 香皂 [xiāngzào] 비누 ● 牌子 [páizi] 상표

문형연습 ✱✱

2 보기와 같이 물음에 답하세요("还"를 이용).

┤보기├

还 剪 这个 发型。
Hái jiǎn zhège fàxíng.
| 이 헤어스타일 그대로 잘라 주세요.

① 女 ─ 今天 你 想 做 什么?
　　　　Jīntiān nǐ xiǎng zuò shénme?

　 男 ─ 我 还 想 看 电影。
　　　　Wǒ hái xiǎng kàn diànyǐng.

　 问 ─ 今天 他 想 做 什么?
　　　　Jīntiān tā xiǎng zuò shénme?

　 学生 ＿＿＿＿＿＿＿＿＿＿＿ 。

② 男 ─ 你 想 去 哪儿, 公园 还是 体育馆?
　　　　Nǐ xiǎng qù nǎr, gōngyuán háishi tǐyùguǎn?

　 女 ─ 我 不 想 去 体育馆, 我 还 想 去 公园。
　　　　Wǒ bù xiǎng qù tǐyùguǎn, wǒ hái xiǎng qù gōngyuán.

　 问 ─ 她 想 去 哪儿?
　　　　Tā xiǎng qù nǎr?

　 学生 ＿＿＿＿＿＿＿＿＿＿＿＿＿＿＿ 。

③ 女 ─ 在 哪儿 见面?
　　　　Zài nǎr jiànmiàn?

　 男 ─ 还 在 北海 公园, 好 吗?
　　　　Hái zài Běihǎi Gōngyuán, hǎo ma?

　 女 ─ 好 的。
　　　　Hǎo de.

　 问 ─ 他们 在 哪儿 见面?
　　　　Tāmen zài nǎr jiànmiàn?

　 学生 ＿＿＿＿＿＿＿＿＿＿＿ 。

보충단어

● 公园
[gōngyuán]
공원

● 体育馆
[tǐyùguǎn]
체육관

● 海
[hǎi]
바다

|고유명사|

● 北海公园
[Běihǎi Gōngyuán]
북해공원

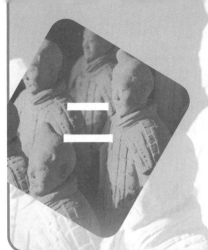

二 男孩儿应该留短头发
Nánháir Yīnggāi Liú Duǎn Tóufa
남자아이는 머리를 짧게 해야 해

새단어

● 女孩	[nǚhái(r)]	여자아이, 소녀
● 可以	[kěyǐ]	~ 해도 된다, ~ 할 수 있다
● 好看	[hǎokàn]	아름답다, 예쁘다
● 应该	[yīnggāi]	~ 해야 한다, ~ 하지 않으면 안 된다
● 短	[duǎn]	짧다
● 有点儿	[yǒudiǎnr]	조금, 약간
● 再	[zài]	다시

 회화

어떻게 사람에게 이유를 물어볼까? 남자아이가 이발을 하고 싶어하지 않는데 그 이유와 팡쉐친의 머리는 또 어떻게 되었는지 살펴보자.

男 孩 _ 为什么 女孩儿 可以 留 长 头发，男孩儿 不能 留?
Wèishénme nǚháir kěyǐ liú cháng tóufa, nánháir bù néng liú?

妈 妈 _ 你 为什么 想 留长 头发?
Nǐ wèishénme xiǎng liú cháng tóufa?

男 孩 _ 长 头发 好看。
Cháng tóufa hǎokàn.

妈 妈 _ 男孩儿 应该 留 短 头发。
Nánháir yīnggāi liú duǎn tóufa.

男 孩 _ 为什么?
Wèishénme?

妈 妈 _ 因为 你 是 男孩儿……
Yīnwèi nǐ shì nánháir…

(머리를 다 손질하고 미용사가 팡쉐친의 의견을 묻는다)

理发师 _ 你 觉得 怎么样?
Nǐ juéde zěnmeyàng?

方雪芹 _ 这儿 有点儿 长，再 剪剪。
Zhèr yǒudiǎnr cháng, zài jiǎnjian.

(머리를 손질하고 다시 묻는다)

理发师 _ 现在 怎么样?
Xiànzài zěnmeyàng?

方雪芹 _ 挺 好 的。谢谢 你!
Tǐng hǎo de. Xièxie nǐ!

본문해설 ✳✳

Ⅰ 可以와 能

🌀 **为什么 女孩儿 可以 留 长 头发，男孩儿 不 能 留？**
　Wèishénme nǚháir　kěyǐ liú cháng tóufa,　nánháir bù néng liú?
　| 왜 여자아이는 머리를 길게 길러도 되고 남자아이는 기르면 안 돼요?

"可以"는 허가를 나타내며 두 가지 상황이 있다. 하나는 객관적인 조건의 허가이고 다른 하나는 주관적 허가이다. 앞에서 우리가 배운 **"我能吃三两饺子**(나는 만두 세 량을 먹을 수 있다)**"** 는 어떤 일을 할 능력이 있음을 나타낸다. 여기에서의 "能"과 "可以"는 어떤 일을 할 수 있게 여건이나 조건이 허락함을 나타낸다.

① 甲_ **我 可以 抽烟 吗？**
　　Wǒ kěyǐ chōuyān ma?
　　| 내가 담배를 피워도 될까요?

　乙_ **对不起，不 可以。**
　　Duìbuqǐ,　bù kěyǐ.
　　| 죄송하지만 안 돼요.

② 甲_ **这儿 能 抽烟 吗？**
　　Zhèr néng chōuyān ma?
　　| 여기서 담배를 피워도 될까요?

　乙_ **对不起，不 能 抽。**
　　Duìbuqǐ,　bù néng chōu.
　　| 미안하지만 안 돼요.

③ 甲_ **明天 早上 七 点 你 能 来 吗？**
　　Míngtiān zǎoshang qī diǎn nǐ néng lái ma?
　　| 내일 아침 7시에 당신 오실 수 있나요?

　乙_ **我 能 来。**
　　Wǒ néng lái.
　　| 나는 올 수 있어요.

2 应该

예 男孩　应该 留 短 头发。
Nánháir yīnggāi liú duǎn tóufa.
| 남자아이는 머리를 짧게 해야 한다.

"应该"는 이치상 반드시 그러해야함을 나타낸다. '마땅히 ~해야만 한다'의 뜻이다. 부정형은 "不应该"이다.

① 你 应该 六 点　起床。
Nǐ yīnggāi liù diǎn qǐchuáng.
| 당신은 6시에 일어나야 한다.

② 你 应该　好好　练习　练习 汉语。
Nǐ yīnggāi hǎohǎo liànxí liànxí Hànyǔ.
| 당신은 열심히 중국어를 연습해야 한다.

③ 你 不 应该　喝酒。
Nǐ bù yīnggāi hējiǔ.
| 당신은 술을 마시지 말아야 한다.

④ 你 不 应该　烫 头发，你 烫　头发 不 好看。
Nǐ bù yīnggāi tàng tóufa, nǐ tàng tóufa bù hǎokàn.
| 당신은 파마를 해서는 안 돼요. 당신이 파마하면 예쁘지 않아요.

3 有点儿 + 형용사

예 这儿 有点儿　长。
Zhèr yǒudiǎnr cháng.
| 여기가 좀 길어요.

"有点儿"는 "有一点儿"로도 말할 수 있으며, '조금, 약간'의 뜻이다. 보통 뒤에 형용사가 오며 그리 여의치 않은 일이나 상황에 많이 사용한다.

有点儿 + 형용사

① **有点儿 大**
yǒudiǎnr dà

| 조금 크다

这 件 衣服 有点儿 大。
Zhè jiàn yīfu yǒudiǎnr dà.

| 이 옷은 조금 크다.

② **有点儿 贵**
yǒudiǎnr guì

| 조금 비싸다

这 鞋 有点儿 贵。
Zhè xié yǒudiǎnr guì.

| 이 신발은 조금 비싸다.

③ **有点儿 忙**
yǒudiǎnr máng

| 조금 바쁘다

这个 星期 我 有点儿 忙。
Zhège xīngqī wǒ yǒudiǎnr máng.

| 나는 이번 주에 조금 바쁘다.

④ **有点儿 远**
yǒudiǎnr yuǎn

| 조금 멀다

我 家 有点儿 远。
Wǒ jiā yǒudiǎnr yuǎn.

| 우리집은 조금 멀다.

 본문해설

4 부사 再

예 再 剪剪。
Zài jiǎnjian.
| 더 잘라 주세요.

"再"는 '다시, 또'라는 뜻이다. 한 동작(혹은 상태)이 중복되거나 계속됨을 나타낸다. 일반적으로 아직 실현되지 않은 동작에 사용한다.

① 这 次 打 得 不 好, 我 再 打 一 次 吧。
Zhè cì dǎde bù hǎo, wǒ zài dǎ yí cì ba.
| 나는 이번에 잘 치지 못했으니 다시 한 번 해볼게요.

② 请 再 说 一 遍。
Qǐng zài shuō yí biàn.
| 다시 한번 말씀해 주세요.

③ 欢迎 您 再 来!
Huānyíng nín zài lái!
| 또 오세요!

 문형연습

1 아래 물음에 답하세요("应该" 혹은 "愿意"를 이용).

① 女 ― 我 要 染 头发。
Wǒ yào rǎn tóufa.

男 ― 你 不 应该 染 头发。
Nǐ bù yīnggāi rǎn tóufa.

女 ― 我 愿意 染 头发。
Wǒ yuànyi rǎn tóufa.

问 ― 她 不 应该 做 什么?
Tā bù yīnggāi zuò shénme?

学生 ― _____ 。

② 男 ― 我 不 愿意 刮 胡子，我 要 留 胡子。
Wǒ bú yuànyi guā húzi, wǒ yào liú húzi.

女 ― 你 应该 刮 胡子。
Nǐ yīnggāi guā húzi.

男 ― 我 愿意 留 胡子。
Wǒ yuànyi liú húzi.

问 ― 他 不 愿意 做 什么?
Tā bú yuànyi zuò shénme?

学生 ― _____，_____ 。

③ 男 ― 你的头发 应该 吹吹 风。
Nǐ de tóufa yīnggāi chuīchui fēng.

女 ― 我 不 愿意 吹 头发。
Wǒ bú yuànyi chuī tóufa.

问 ― 她 不 愿意 做 什么?
Tā bú yuànyi zuò shénme?

学生 ― _____ 。

보충단어

● 染
[rǎn]
염색하다

● 刮
[guā]
면도하다

● 胡子
[húzi]
수염

● 吹风
[chuīfēng]
헤어드라이어로 머리
를 말리다

 문형연습

2 아래 물음에 답하세요("有点儿 + 형용사"를 이용).

┤보기├

这儿 有点儿 长，再 剪剪。
Zhèr yǒudiǎnr cháng, zài jiǎnjian.
│여기가 좀 길어요. 더 잘라 주세요.

① 女 _ 这 香水儿 怎么样?
　　　 Zhè xiāngshuǐr zěnmeyàng?

　 男 _ 我 觉得 有点儿 臭。
　　　 Wǒ juéde yǒudiǎnr chòu.

　 问 _ 他 觉得 那 香水儿 怎么样?
　　　 Tā juéde nà xiāngshuǐr zěnmeyàng?

　 学生 _ ＿＿＿＿＿＿＿＿＿＿＿ 。

② 男 _ 你 觉得 小 王 个子 怎么样?
　　　 Nǐ juéde Xiǎo Wáng gèzi zěnmeyàng?

　 女 _ 小 王 个子 有点儿 矮。
　　　 Xiǎo Wáng gèzi yǒudiǎnr ǎi.

　 问 _ 她 觉得 小 王 个子 怎么样?
　　　 Tā juéde Xiǎo Wáng gèzi zěnmeyàng?

　 学生 _ ＿＿＿＿＿＿＿＿＿＿＿ 。

③ 男 _ 你 觉得 小 赵 个子 怎么样?
　　　 Nǐ juéde Xiǎo Zhào gèzi zěnmeyàng?

　 女 _ 小 赵 个子 有点儿 高。
　　　 Xiǎo Zhào gèzi yǒudiǎnr gāo.

　 问 _ 她 觉得 小 赵 个子 怎么样?
　　　 Tā juéde Xiǎo Zhào gèzi zěnmeyàng?

　 学生 _ ＿＿＿＿＿＿＿＿＿＿＿ 。

보충단어

● 臭
[chòu]
구리다, 악취가 나다

● 个子
[gèzi]
키

● 矮
[ǎi]
키가 작다, 왜소하다

● 高
[gāo]
높다, 크다

三 这件衣服怎么样?
Zhè Jiàn Yīfu Zěnmeyàng?

이 옷 어때요?

● 样子	[yàngzi]	모양, 스타일
● 冬天	[dōngtiān]	겨울
● 穿	[chuān]	입다, 착용하다
● 种	[zhǒng]	종류
● 颜色	[yánsè]	색, 색깔
● 别的	[biéde]	다른 것
● 红色	[hóngsè]	빨간색
● 白色	[báisè]	흰색
● 灰色	[huīsè]	회색
● 试	[shì]	(시험삼아) 해보다
● 中号	[zhōnghào]	중간 사이즈
● 试衣间	[shìyījiān]	(옷을 입어볼 수 있는) 탈의실
● 售货员	[shòuhuòyuán]	판매사원

회화

옷을 사는 것은 사람들이 좋아하는 일이지만 시간도 걸리고 선택해야 할 부분도 많다. 우리 옷을 사는 상황을 살펴보자.

(팡쉐친과 리원롱이 함께 옷가게를 둘러본다)

方雪芹 _ (옷 하나를 집어들고) 你看，这件 衣服 怎么样？
　　　　　　　　　　　　Nǐ kàn, zhè jiàn yīfu zěnmeyàng?

李文龙 _ 样子 不 太 好看。
　　　　Yàngzi bú tài hǎokàn.

(팡쉐친은 옷을 내려놓고 계속 앞으로 걸어간다)

方雪芹 _ 我该买 冬天 穿 的 衣服 了。
　　　　Wǒ gāi mǎi dōngtiān chuān de yīfu le.

李文龙 _ (멀리 마네킨에 입혀진 옷을 가리키며) 你看，那件 衣服 样子 不错。
　　　　　　　　　　　　　　　　　　　Nǐ kàn, nèi jiàn yīfu yàngzi búcuò.

方雪芹 _ (머리를 가로 저으며) 我 不 喜欢 那 种 颜色。
　　　　　　　　　　　　Wǒ bù xǐhuan nèi zhǒng yánsè.

(판매사원에게) 小姐，那 种 衣服 有 别的 颜色 的 吗？
　　　　　　　Xiǎojie, nèi zhǒng yīfu yǒu biéde yánsè de ma?

售货员 _ 有，有 红色 的，白色 的，灰色 的。
　　　　Yǒu, yǒu hóngsè de, báisè de, huīsè de.

方雪芹 _ 小姐，我 可以 试试 红色 的 吗？
　　　　Xiǎojie, Wǒ kěyǐ shìshi hóngsè de ma?

售货员 _ 您 穿 多大 的？
　　　　Nín chuān duō dà de?

方雪芹 _ 中号 的。
　　　　Zhōnghào de.

售货员 _ (옷을 꺼내 팡쉐친에게 건네주며) 试衣间 在 那边。
　　　　　　　　　　　　　　　　　Shìyījiān zài nèibian.

方雪芹 _ 谢谢。
　　　　Xièxie.

본문해설

不 + 太 + 형용사

예 样子 不太 好看。
Yàngzi bú tài hǎokàn.
| 모양이 그리 예쁘지 않다.

"不 + 太"는 '그리 ~하지 않다' 라는 뜻이다. 보통 뒤에 형용사가 오며 심리상태를 나타내는 동사인 "喜欢, 想" 도 사용할 수 있다. 부정의 정도가 비교적 약함을 나타내며 완곡한 어기를 가지고 있다.

① 甲 _ 那儿的 衣服 贵 不 贵?
Nàr de yīfu guì bú guì?
| 그 곳의 옷은 비싸요?

乙 _ 不 太 贵。
Bú tài guì.
| 그리 비싸지 않아요.

② 甲 _ 羊肉 饺子 好吃 不 好吃?
Yángròu jiǎozi hǎochī bù hǎochī?
| 양고기만두는 맛있어요?

乙 _ 不 太 好吃。
Bú tài hǎochī.
| 그다지 맛이 없어요.

③ 甲 _ 你 喜欢 喝茶 吗?
Nǐ xǐhuan hē chá ma?
| 당신은 차를 좋아하세요?

乙 _ 不 太 喜欢。
Bú tài xǐhuan.
| 그다지 좋아하지 않아요.

④ 甲 _ 你 想 去 上海 吗?
Nǐ xiǎng qù Shànghǎi ma?
| 당신은 상하이에 가고 싶어요?

乙 _ 不 太 想 去。
Bú tài xiǎng qù.
| 그리 가고 싶진 않아요.

2 한정어로 쓰이는 동사와 형용사

예 我 该 买 冬天　穿 的 衣服 了。
Wǒ gāi mǎi dōngtiān chuān de yīfu le.

| 나는 겨울에 입을 옷을 사야 한다.

앞에서 "명사1 + 的 + 명사2"문형을 배웠는데, "명사 + 的"는 명사 앞에 놓여 한정어가 될 수 있다. "동사 + 的"도 명사 앞에 놓여 한정어가 될 수 있으며 "동사 + 的 + 명사"의 형식으로 쓰인다.

> **동사 + 的 + 명사**

① 我 做 的 饭 - 这 是 我 做 的 饭，不 是 我 妈妈 做 的 饭。
wǒ zuò de fàn - Zhè shì wǒ zuò de fàn, bú shì wǒ māma zuò de fàn.

| 내가 지은 밥 – 이것은 내가 지은 밥이며 우리 어머니가 지은 밥이 아니다.

② 我 喜欢 的 颜色 - 我 喜欢 的 颜色 是 白色，我 弟弟
wǒ xǐhuan de yánsè - Wǒ xǐhuan de yánsè shì báisè, wǒ dìdi

喜欢 的 颜色 是 红色。
xǐhuan de yánsè shì hóngsè.

| 내가 좋아하는 색 – 내가 좋아하는 색은 흰색이고, 내 남동생이 좋아하는 색은 빨간색이다.

③ 给 她 兔子 的 人
gěi tā tùzi de rén

| 그녀에게 토끼를 준 사람

甲 _ 给 她 兔子 的 人 叫 什么 名字?
Gěi tā tùzi de rén jiào shénme míngzi?

| 그녀에게 토끼를 준 사람의 이름은 무엇이죠?

乙 _ 他 叫 李 文龙。
Tā jiào Lǐ Wénlóng.

| 그는 리원룽이라고 해요.

"동사 + 的"가 명사 앞에서 한정어가 되는 것 외에 "형용사 + 的"도 한정어가 될 수 있다. "형용사 + 的 + 명사"의 문형이 된다.

형용사 + 的 + 명사

① 最 远 的 银行 － 那 是 离 我 家 最 远 的 银行。
zuì yuǎn de yínháng - Nà shì lí wǒ jiā zuì yuǎn de yínháng.
가장 먼 은행　　　 － 그것은 우리집에 가장 멀리 떨어진 은행이다.

② 聪明 的女孩儿 － 她 是 个 聪明 的 女孩儿。
cōngming de nǚháir - Tā shì ge cōngming de nǚháir.
똑똑한 여자아이　　 － 그녀는 똑똑한 여자아이이다.

하지만 단독으로 사용된 단음절 형용사는 "的"를 사용하지 않는다.

단음절 형용사 + 명사

① 好 朋友 － 他 是 我 的 好 朋友。
hǎo péngyou - Tā shì wǒ de hǎo péngyou.
| 좋은 친구 － 그는 나의 좋은 친구이다.

② 新 衣服 － 这 是 谁 的 新 衣服?
xīn yīfu - Zhè shì shéi de xīn yīfu?
| 새 옷 － 이것은 누구의 새 옷입니까?

3 的자구를 만드는 명사 / 대명사 / 수량사 + 的

🔊 有, 有 红色 的, 白色 的, 灰色 的。
Yǒu, yǒu hóngsè de, báisè de, huīsè de.
| 있어요. 빨간색, 흰색, 회색이 있어요.

"명사/대명사/수량사 + 的"는 "的"자구를 만들며, 그 기능은 명사와 유사하다. 이것이 가리키는 사람이나 사물은 반드시 위에서 나온 적이 있는 것이나 사람들에게 밝히지 않아도 명백히 알 수 있는 것이어야 한다.

본문해설

① 甲_ 这 是 谁 的 衣服?
Zhè shì shéi de yīfu?
| 이것은 누구의 옷이죠?

乙_ 是 我 的。
Shì wǒ de.
| 내 옷이예요.

② 甲_ 你 看 几 号 的 电影?
Nǐ kàn jǐ hào de diànyǐng?
| 당신은 몇 일 날 하는 영화를 보나요?

乙_ 看 16 号 的。
Kàn shíliù hào de.
|16 일 날 하는 영화를 봐요.

③ 甲_ 你 想 吃 什么 饺子?
Nǐ xiǎng chī shénme jiǎozi?
| 당신은 무슨 만두를 먹고 싶어요?

乙_ 我 想 吃 牛肉 的。你 呢?
Wǒ xiǎng chī niúròu de. Nǐ ne?
| 나는 소고기로 만든 만두를 먹고 싶어요. 당신은요?

甲_ 我 吃 鸡肉 的。
Wǒ chī jīròu de.
| 나는 닭고기로 만든 만두를 먹고 싶어요.

4 多 + 단음절 형용사를 사용하는 의문문

예 您 穿 多 大 的?
Nín chuān duō dà de?
| 당신은 사이즈 몇 입으세요?

여기에서의 "大"는 사이즈의 크고 작음을 가리킨다. 앞서 우리는 "多长(时间)", "多远"을 배운 바 있다. "多 + 단음절 형용사"는 수량, 정도를 물어볼 때 사용한다.

多 + 长 (时间)
duō　cháng(shíjiān)
얼마나 + 길다(시간)

每 次 多 长 时间?
Měi cì duō cháng shíjiān?
| 한 회는 시간이 얼마나 되나요?

每 次 一 个 小时。
Měi cì yí ge xiǎoshí.
| 한 회는 한 시간이에요.

多 + 远
duō　yuǎn
얼마나 + 멀다

颐和园 离这儿有 多 远?
Yíhéyuán lí zhèr yǒu duō yuǎn?
| 이화원은 여기에 얼마나 먼가요?

颐和园 离 这儿 挺 远 的。
Yíhéyuán lí zhèr tǐng yuǎn de.
| 이화원은 여기에서 아주 멀어요.

多 + 大
duō　dà
얼마나 + 크다

您 穿 多大 的?
Nín chuān duō dà de?
| 당신은 사이즈 몇 입으세요?

我 穿 中号 的。
Wǒ chuān zhōnghào de.
| 나는 중간 사이즈를 입어요.

문형연습

1 보기와 같이 질문해 보세요("多大"를 이용).

┤보기├

售货员 _ **你 穿 多 大 的?**
Nǐ chuān duō dà de?
| 당신은 사이즈 몇 신으세요?

甲 _ **37 号 的。**
Sānshíqī hào de.
| 37호 사이즈요.

学生 _ **她 穿 多 大 的 鞋?**
Tā chuān duō dà de xié?
| 그녀는 사이즈 몇인 신발을 신나요?

答 _ **她 穿 37 号 的 鞋。**
Tā chuān sānshíqī hào de xié.
| 그녀는 37호 사이즈의 신발을 신는다.

---

① 售货员 _ **你 穿 多 大 的?**
Nǐ chuān duō dà de?

甲 _ **我 穿 25 号 的。**
Wǒ chuān èrshíwǔ hào de.

学生 _ ＿＿＿＿＿＿＿＿＿ ?
＿＿＿＿＿＿＿＿＿ ?

答 _ **他 穿 25 号 的 袜子。**
Tā chuān èrshíwǔ hào de wàzi.

② 售货员 _ **你 戴 多 大 的?**
Nǐ dài duō dà de?

甲 _ **我 戴 大号 的。**
Wǒ dài dàhào de.

学生 _ ＿＿＿＿＿＿＿ ?
＿＿＿＿＿＿＿ ?

答 _ **他 戴 大号 的 帽子。**
Tā dài dàhào de màozi.

보충단어

● **售货员**
shòuhuòyuán
판매원

● **袜子**
wàzi
양말

● **戴**
dài
(안경·모자 등을)쓰다

● **帽子**
màozi
모자

③ 售货员 _ **你戴多大的?**
Nǐ dài duō dà de?

甲 _ **我 戴 小号 的。**
Wǒ dài xiǎohào de.

学生 _ _____ ?
_____ ?

答 _ **他戴 小号 的手套。**
Tā dài xiǎohào de shǒutào.

2 보기와 같이 문장을 완성하세요("不 + 太 + 형용사" 를 이용).

┤보기├

男 _ **我 喜欢绿色。**
Wǒ xǐhuan lǜsè.
| 나는 녹색을 좋아한다.

女 _ **你穿 绿色的衣服不 太合适。**
Nǐ chuān lǜsè de yīfu bú tài héshì.
| 당신이 녹색 옷을 입으면 그다지 어울리지 않는다.

学生 _ **他穿 绿色的衣服不太合适。**
Tā chuān lǜsè de yīfu bú tài héshì.
| 그가 녹색 옷을 입으면 그다지 어울리지 않는다.

① 女 _ **我 不太 喜欢 蓝色。**
Wǒ bú tài xǐhuan lánsè.

男 _ **你穿 浅 蓝色的裙子很 好看。**
Nǐ chuān qiǎn lánsè de qúnzi hěn hǎokàn.

学生 _ **她** _____ 。
Tā _____ .

보충단어

● **手套**
shǒutào
장갑

● **绿色**
lǜsè
녹색

● **蓝色**
lánsè
남색

② 男 — 我 穿 这条 黄色 的 裤子 合适 吗?
　　　Wǒ chuān zhè tiáo huángsè de kùzi héshì ma?

　 女 — 不 太 合适。
　　　Bú tài héshì.

　 学生 — 他＿＿＿＿＿＿＿＿＿＿＿＿＿＿＿＿＿＿＿＿。
　　　　Tā＿＿＿＿＿＿＿＿＿＿＿＿＿＿＿＿＿＿＿＿.

③ 女 — 我 戴 这 顶 粉 红色 的 帽子 合适 吗?
　　　Wǒ dài zhè dǐng fěn hóngsè de màozi héshì ma?

　 男 — 不 太 合适。
　　　Bú tài héshì.

　 学生 — 她＿＿＿＿＿＿＿＿＿＿＿＿＿＿＿＿＿＿＿＿。
　　　　Tā＿＿＿＿＿＿＿＿＿＿＿＿＿＿＿＿＿＿＿.

보충단어

● 黄色
huángsè
황색, 노란색

● 顶
dǐng
(모자, 천막 등의)꼭대
기가 있는 사물을 세
는 단위

● 粉红色
fěnhóngsè
분홍색

四

这种鞋有 42 号的吗?
Zhè Zhǒng Xié Yǒu Sìshí'èr Hào De Ma?
이런 신발 42 호 있어요?

- 鞋 [xié] 신발
- 棕色 [zōngsè] 갈색
- 已经 [yǐjīng] 이미
- 黑色 [hēisè] 검정(색)
- 漂亮 [piàoliang] 아름답다, 예쁘다
- 合适 [héshì] 적합하다, 맞다
- 一点儿 [yìdiǎnr] 조금
- 双 [shuāng] 쌍
- 咱们 [zánmen] 우리
- 地方 [dìfang] 장소, 곳

회화 ✱✱

신발을 살 때 판매원에게 어떻게 자신이 원하는 크기나 색깔을 알려주어야 하는지 살펴보자.

(신발가게에서 팡쉐친과 리원롱이 신발을 사고 있다)

李文龙 _ 小姐，这 种 鞋有四十二号的吗?
Xiǎojie, zhè zhǒng xié yǒu sìshí'èr hào de ma?

售货员 _ 有。你要 什么颜色的?
Yǒu. Nǐ yào shénme yánsè de?

李文龙 _ 棕色 的。
Zōngsè de.

售货员 _ 棕色 的已经没有 了，黑色的还有。
Zōngsè de yǐjīng méiyǒu le, hēisè de háiyǒu.

(리원롱이 고개를 저으며)

售货员 _ (신발을 집어들고) 这 种 有 棕色 的。
Zhè zhǒng yǒu zōngsè de.

方雪芹 _ 挺 漂亮。
Tǐng piàoliang.

李文龙 _ 行，我 试试。(리원롱은 신발을 신는다)
Xíng, wǒ shìshi.

方雪芹 _ 怎么样? 合适 吗?
Zěnmeyàng? Héshì ma?

李文龙 _ 有点儿 小。有 没有 大 一点儿 的?
Yǒudiǎnr xiǎo. Yǒu méiyǒu dà yìdiǎnr de?

售货员 _ 您 试试这 双。
Nín shìshi zhè shuāng.

李文龙 _ 这 双 也 不 合适。
Zhè shuāng yě bù héshì.

方雪芹 _ 咱们 去 别的 地方 看看 吧。
Zánmen qù biéde dìfang kànkan ba.

李文龙 _ (판매원에게) 谢谢。
Xièxie.

1 형용사 + (一)点儿

예 有 没有 大 一点儿 的?
Yǒu méiyǒu dà yìdiǎnr de?
| 좀더 큰 것 있어요?

"형용사 + (一)点儿"는 정도가 조금 높거나 조금 낮음을 나타낸다.

① 你的头发太 长 了，剪 短 (一)点儿 吧。
Nǐ de tóufa tài cháng le, jiǎn duǎn (yì) diǎnr ba.
| 당신의 머리는 너무 길어요. 조금 짧게 자르세요.

② 你应该 早点儿 睡觉， 早 点儿 起床。
Nǐ yīnggāi zǎo diǎnr shuìjiào, zǎo diǎnr qǐchuáng.
| 당신은 좀더 일찍 자고 일찍 일어나야 합니다.

③ 甲_ 这 种 茶 四百八十块 一斤。
Zhè zhǒng chá sìbǎibāshí kuài yì jīn.
| 이런 차는 한 근에 480 위엔이에요.

乙_ 太贵了，有 没有 便宜(一)点儿 的?
Tài guì le, yǒu méiyǒu piányi (yì) diǎnr de?
| 너무 비싸요. 좀더 싼 것 없어요?

2 형용사 + 的

예 有 没有 大 一点儿 的?
Yǒu méiyǒu dà yìdiǎnr de?
| 좀더 큰 것 있어요?

"형용사 + 的"는 "的"자구를 만들며 "명사/대명사 + 的"와 같이 명사의 역할을 한다.

① 哥哥_ 小妹， 来吃 苹果。 给 你 大 的。
Xiǎomèi, lái chī píngguǒ. Gěi nǐ dà de.
| 이리와 사과 먹어. 너한테 큰 거 줄게.

妹妹_ 哥哥， 你吃大的。
Gēge, nǐ chī dà de.
| 오빠가 큰 거 먹어.

哥哥 _ 不，你 吃 大 的，我 吃 小 的。
Bù, nǐ chī dà de, wǒ chī xiǎo de.
| 아니야, 네가 큰 거 먹어. 나는 작은 거 먹을게.

② 卖酒的 _ 葡萄酒 有 两 种，一 种 贵 一点儿，一 种 便宜 一点儿。
Pútaojiǔ yǒu liǎng zhǒng, yì zhǒng guì yìdiǎnr, yì zhǒng piányi yìdiǎnr.
| 포도주에는 두 가지가 있는데 하나는 조금 비싸고 다른 하나는 조금 싸요.

妈妈 _ 贵的 多少 钱 一瓶? 便宜的 多少 钱 一瓶?
Guìde duōshao qián yì píng? Piányide duōshao qián yì píng?
| 비싼 것은 한 병에 얼마죠? 싼 것은 한 병에 얼마예요?

3 대명사 咱们과 我们

예 咱们 去 别的 地方 看看 吧。
Zánmen qù biéde dìfang kànkan ba.
| 우리 다른 곳에 가서 보자.

"咱们"과 "我们"의 차이점은 화자가 "咱们"을 말할 때 "咱们"은 반드시 말을 듣고 있는 사람을 포함시키는 것이고 "我们"은 말을 듣고 있는 사람을 그 안에 포함시킬 수도 있고 아닐 수도 있다는데 있다.

① 甲 _ 我们 一起 去 吃 饺子，你 想 去 吗?
Wǒmen yìqǐ qù chī jiǎozi, nǐ xiǎng qù ma?
| 우리 함께 만두 먹으러 가는데, 당신 가고 싶어요?

乙 _ 想 去。你们 什么 时候 去?
Xiǎng qù. Nǐmen shénme shíhou qù?
| 가고 싶은데 당신들은 언제 가지요?

甲 _ 晚上。
Wǎnshang.
| 저녁에요.

乙 _ 晚上 我 有 事，我 不 能 去。
Wǎnshang wǒ yǒu shì, wǒ bù néng qù.
| 저녁에는 내가 일이 있어서 갈 수가 없어요.

문형연습 **✳✳**

1 보기와 같이 물음에 답하세요("형용사 ＋一点儿"를 이용).

┤보기├

甲 _ 我 太 胖 了。这 裙子 有 没有 肥 一点儿 的?
　　Wǒ tài pàng le.　Zhè qúnzi yǒu méiyǒu féi yìdiǎnr de?
　　│나는 너무 뚱뚱하거든요. 이 치마 좀더 헐렁한 거 있어요?

问 _ 她 想 要 什么?
　　Tā xiǎng yào shénme?
　　│그녀는 무엇을 원하는가?

学生 _ 她 想 要 肥 一点儿 的 裙子。
　　Tā xiǎng yào féi　yìdiǎnr de qúnzi.
　　│그녀는 좀더 헐렁한 치마를 원한다.

① 乙 _ 我 太 瘦 了。这 裤子 有 没有 瘦 一点儿 的?
　　Wǒ tài shòu le.　Zhè kùzi　yǒu méiyǒu shòu　yìdiǎnr　de?

问 _ 他 想 要 什么?
　　Tā xiǎng yào shénme?

学生 _____ 。

② 甲 _ 这 衣服 颜色 太 深 了。有 没有 颜色 浅 一点儿 的?
　　Zhè yīfu yánsè tài shēn le.　Yǒu méiyǒu yánsè qiǎn　yìdiǎnr de?

问 _ 她 想 要 什么?
　　Tā xiǎng yào shénme?

学生 _____ 。

보충단어

● 胖 [pàng] 뚱뚱하다　　　● 肥 [féi] 살지다, (옷의 품, 크기 등이) 너무 크다

● 瘦 [shòu] 마르다　　　　● 深 [shēn] (색깔이) 짙다

● 浅 [qiǎn] (빛깔이) 연하다

문형연습

③ 乙 ＿ 这 鞋 颜色 太 浅 了。有 没有 颜色 深 一点儿 的？
Zhè xié yánsè tài qiǎn le. Yǒu méiyǒu yánsè shēn yìdiǎnr de?

问 ＿ 他 想 要 什么？
Tā xiǎng yào shénme?

学生 ＿＿＿＿＿＿＿＿＿＿＿＿＿＿＿＿＿＿＿＿。

④ 甲 ＿ 这 橙子 太 贵 了，有 没有 便宜 一点儿 的？
Zhè chéngzi tài guì le, yǒu méiyǒu piányi yìdiǎnr de?

问 ＿ 她 想 要 什么？
Tā xiǎng yào shénme?

学生 ＿＿＿＿＿＿＿＿＿＿＿＿＿＿＿＿＿＿＿＿。

五 你会打乒乓球吗?

Nǐ Huì Dǎ Pīngpāngqiú Ma?

당신 탁구 칠 줄 아세요?

새단어

打	[dǎ]	치다, 때리다
得	[de]	구조조사
有名	[yǒumíng]	유명하다
运动员	[yùndòngyuán]	운동선수
岁	[suì]	살, 세
乒乓球	[pīngpāngqiú]	탁구
不过	[búguò]	하지만, 그런데
经常	[jīngcháng]	항상
运动	[yùndòng]	운동, 운동하다
年纪	[niánjì]	나이, 연령

(팡쉐친의 아버지와 리원롱은 텔레비전에서 탁구시합 중계방송을 보고 있다)

方 父 _ 好! 他 打 得 不错。
Hǎo! Tā dǎ de búcuò.

李文龙 _ 他 是 个 很 有名 的 运动员。
Tā shì ge hěn yǒumíng de yùndòngyuán.

方 父 _ 他 多 大 了?
Tā duō dà le?

李文龙 _ 他 二十一 岁。
Tā èrshíyī suì.

方 父 _ 你 会 打 乒乓球 吗?
Nǐ huì dǎ pīngpāngqiú ma?

李文龙 _ 会, 不过 打 得 不 好。
Huì, búguò dǎ de bù hǎo.

方 父 _ (你) 经常 打 吗?
(Nǐ) jīngcháng dǎ ma?

李文龙 _ 经常 打。您 最 喜欢 什么 运动?
Jīngcháng dǎ. Nín zuì xǐhuan shénme yùndòng?

方 父 _ 我 最 喜欢 打 乒乓球。你 呢?
Wǒ zuì xǐhuan dǎ pīngpāngqiú. Nǐ ne?

李文龙 _ 我 也 是。
Wǒ yě shì.

본문해설

구조조사 得와 보어

예 他 打 得 不错。
Tā dǎ de búcuò.
| 그는 잘 친다.

이것은 중국어에서 많이 사용하는 문형으로 동작이나 행위가 어떤 결과를 발생시킴을 나타낸다. 또한 발생한 결과가 어떤 정도에 이르렀음을 나타내기도 한다. 이런 문형은 다음과 같으며, 질문을 할 때는 "得"의 뒤에 "怎么样"을 사용한다.

> (동사 +) 빈어 + 동사 + 得 + 정도 / 결과

① 甲 _ 他 打 得 不错。
Tā dǎ de búcuò.
| 그는 잘 쳐요.

乙 _ 他(打) 什么 打 得 不错?
Tā (dǎ) shénme dǎ de búcuò?
| 그는 무엇을 잘 치나요?

甲 _ 他(打) 乒乓球 打 得 不错。你 呢?
Tā (dǎ) pīngpāngqiú dǎ de búcuò. Nǐ ne?
| 그는 탁구를 잘 쳐요. 당신은요?

乙 _ 我(打) 乒乓球 打 得 不好。
Wǒ (dǎ) pīngpāngqiú dǎ de bù hǎo.
| 나는 탁구를 잘 치지 못해요.

② 甲 _ 你(做) 饭 做 得 怎么样?
Nǐ (zuò) fàn zuò de zěnmeyàng?
| 당신 음식솜씨는 어때요?

乙 _ 我 (做)饭 做 得 很 好。
Wǒ(zuò) fàn zuò de hěn hǎo.
| 나는 음식을 아주 잘 해요.

본문해설

2 나이 묻기

> 他 多 大 了?
> Tā duō dà le?
> | 그의 나이는 몇 살이죠?

"大"는 여기에서 '크다'라는 뜻이 아니라 '늙다, 오래되다'의 뜻이다. 사람의 나이를 말할 때 "大/小"를 사용하면 나이가 많거나 적음을 말하는 것이다. "他多大了? "는 '그의 나이가 몇이죠?'라는 뜻이며 일반적으로 사람의 연령을 물어볼 때 사용한다.

① 甲 _ 你 大 还是 他 大?
　　 Nǐ dà háishi tā dà?
　　 | 당신이 나이가 많나요 아니면 그가 많나요?

　 乙 _ 他 大, 我 小, 他 是 我 哥哥。
　　 Tā dà, wǒ xiǎo, tā shì wǒ gēge.
　　 | 그가 많고 내가 어려요. 그는 내 형(오빠)이에요.

열 살 이하의 어린이에게 나이를 물어볼 경우 "你几岁了? "라고 물어볼 수도 있다.

② 甲 _ 小　朋友, 你 几 岁 了?
　　 Xiǎo péngyou, nǐ jǐ suì le?
　　 | 꼬마야, 너 몇 살이니?

　 乙 _ 我 八 岁 了。
　　 Wǒ bā suì le.
　　 | 8살이요.

노인의 나이를 물어볼 경우에는 예의를 갖춘 표현법인 "您多大年纪了? (연세가 어떻게 되십니까?)"라고 물어보아야 한다.

③ 甲 _ 您 多 大 年纪 了?
　　 Nín duō dà niánjì le?
　　 | 어르신은 연세가 어떻게 되십니까?

　 老人 _ 我 今年 七十九 了。
　　 Wǒ jīnnián qīshíjiǔ le.
　　 | 나는 올해 일흔 아홉이네.

3 어떤 능력의 구비여부를 묻고 답하기

🔘 你会打　乒乓球 吗?
Nǐ huì dǎ pīngpāngqiú ma?
| 당신은 탁구 칠 줄 아세요?

"会"는 능력이나 기능을 갖추었음을 나타낸다.

① 甲＿ 你会写 汉字 吗?
Nǐ huì xiě Hànzì ma?
| 당신은 한자를 쓸 줄 아나요?

乙＿ 不会，我 不会写 (汉字)。
Bú huì, wǒ bú huì xiě (Hànzì).
| 아니요. 나는 쓸 줄 몰라요.

② 甲＿ 你会 做 饺子吗?
Nǐ huì zuò jiǎozi ma?
| 당신은 만두를 만들 줄 아나요?

乙＿ 不会，我 不会 (做 饺子)。
Bú huì, wǒ bú huì (zuò jiǎozi).
| 아니요. 나는 만들 줄 몰라요.

4 다른 사람의 칭찬에 대한 대답

🔘 会，不过 打得不好。
Huì, búguò dǎ de bù hǎo.
| 할 줄 알지만 잘 치진 못해요.

중국사람은 전통적으로 겸손을 미덕으로 여긴다. 다른 사람 앞에서 자신의 장점을 나타낼 때 겸손하지 않으면 미움을 살 수 있어 항상 다른 사람의 칭찬을 받을 때나 자신의 능력을 표현할 때는 '잘 하지는 못합니다'와 같은 말이 뒤따른다. '감사합니다'라고는 하지 않는다.

문형연습

1 보기와 같이 물음에 답하세요("会"를 이용).

┤보기├

你 会 打 乒乓球 吗?
Nǐ huì dǎ pīngpāngqiú ma?
│ 당신 탁구를 칠 줄 압니까?

会, 不过 打 得 不 好。
Huì, búguò dǎ de bù hǎo.
│ 압니다. 하지만 잘 치진 못합니다.

① 男 — 你 会 游泳 吗?
　　　　Nǐ huì yóuyǒng ma?

　 女 — 会。
　　　　Huì.

　 问 — 她 会 不 会 游泳?
　　　　Tā huì bú huì yóuyǒng?

　 学生 ＿＿＿＿＿＿＿＿＿ 。

② 女 — 你 会 踢 足球 吗?
　　　　Nǐ huì tī zúqiú ma?

　 男 — 不会。
　　　　Bú huì.

　 问 — 他 会 不 会 踢 足球?
　　　　Tā huì bú huì tī zúqiú?

　 学生 ＿＿＿＿＿＿＿＿＿ 。

③ 男 — 你 会 跳舞 吗?
　　　　Nǐ huì tiàowǔ ma?

　 女 — 不会。
　　　　Bú huì.

　 问 — 她 会 不 会 跳舞?
　　　　Tā huì bú huì tiàowǔ?

　 学生 ＿＿＿＿＿＿＿＿＿ 。

보충단어

● 游泳
[yóuyǒng]
수영, 수영하다

● 踢足球
[tī zúqiú]
축구를 차다

踢
[tī]
차다

足球
[zúqiú]
축구

● 跳舞
[tiàowǔ]
춤을 추다

跳
[tiào]
뛰다, 추다

舞
[wǔ]
춤

④ 女 — 你会打篮球吗?
　　　　Nǐ huì dǎ lánqiú ma?

　　男 — 不太会。
　　　　Bú tài huì.

　　问 — 他会不会打篮球?
　　　　Tā huì bú huì dǎ lánqiú?

　　学生 ＿＿＿＿＿＿＿＿＿ 。

⑤ 男 — 你会说法语吗?
　　　　Nǐ huì shuō Fǎyǔ ma?

　　女 — 会一点儿。
　　　　Huì yìdiǎnr.

　　问 — 她会说法语吗?
　　　　Tā huì shuō Fǎyǔ ma?

　　学生 ＿＿＿＿＿＿＿＿＿ 。

보충단어

● 篮球
[lánqiú]
농구

● 特别
[tèbié]
특히

2 보기와 같이 물음에 답하세요("得"를 이용).

┤보기├

男 — 我 特别 喜欢 游泳，我 游 得 很 好。
　　Wǒ tèbié xǐhuan yóuyǒng, wǒ yóu de hěn hǎo.
| 나는 특히 수영을 좋아하고 아주 잘 합니다.

问 — 他 说 他 游泳 游 得 怎么样?
　　Tā shuō tā yóuyǒng yóu de zěnmeyàng?
| 그는 자신이 수영을 어떻게 한다고 말했는가?

学生 — 他 说 他 游泳 游 得 很 好。
　　　Tā shuō tā yóuyǒng yóu de hěn hǎo.
| 그는 자신이 수영을 잘 한다고 말했다.

문형연습

① 女 __ 我 喜欢 唱歌, 我 唱 得 不错。
　　　Wǒ xǐhuan chànggē, wǒ chàng de búcuò.

　　问 __ 她 说她 歌 唱 得 怎么样?
　　　Tā shuō tā gē chàng de zěnmeyàng?

　　学生 __ 她 说 _____ 。
　　　　　Tā shuō _____ .

② 男 __ 我 经常 打 网球, 我 打 得 挺 不错 的。
　　　Wǒ jīngcháng dǎ wǎngqiú, wǒ dǎ de tǐng búcuò de.

　　问 __ 他 说他 网球 打 得 怎么样?
　　　Tā shuō tā wǎngqiú dǎ de zěnmeyàng?

　　学生 __ 他 说 _____ 。
　　　　　Tā shuō _____ .

③ 男 __ 我 喜欢 跑步, 不过 我 跑 得 不快。
　　　Wǒ xǐhuan pǎobù, búguò wǒ pǎo de bú kuài.

　　问 __ 他 说他 跑 得 怎么样?
　　　Tā shuō tā pǎo de zěnmeyàng?

　　学生 __ 他 说 _____ 。
　　　　　Tā shuō _____ .

④ 女 __ 我 会 开车, 不过 开 得 不好。
　　　Wǒ huì kāichē, búguò kāi de bù hǎo.

　　问 __ 她 说 她 开车 开 得 怎么样?
　　　Tā shuō tā kāichē kāi de zěnmeyàng?

　　学生 __ 她 说 _____ 。
　　　　　Tā shuō _____ .

보충단어

● 唱歌
[chànggē]
노래를 부르다

唱
[chàng]
부르다

歌
[gē]
노래

● 网球
[wǎngqiú]
테니스

● 跑步
[pǎobù]
조깅하다, 달리기하다

● 快
[kuài]
빠르다

● 开车
[kāichē]
차를 몰다, 운전하다

开
[kāi]
운전하다

(汽)车
[(qì)chē]
자동차

六 我想学太极拳

Wǒ Xiǎng Xué Tàijíquán

나는 태극권을 배우고 싶어요

学	[xué]	배우다
学会	[xuéhuì]	습득하다
太极拳	[tàijíquán]	태극권
空儿	[kòngr]	여가, 틈
时候	[shíhou]	시간, 때
……的时候	[…de shíhou]	～할 때
教	[jiāo]	가르치다
难	[nán]	어렵다
但是	[dànshì]	하지만
必须	[bìxū]	반드시
毅力	[yìlì]	의지력
从	[cóng]	～로부터
开始	[kāishǐ]	시작하다
就	[jiù]	바로, 곧

회화

중국 노인층에서 선호하는 태극권은 요사이 젊은이들 사이에서도 인기를 끌고 있다. 팡쒜친이 태극권을 배우려는 상황을 살펴보자.

✳✳

(팡쒜친의 아버지가 운동을 마치고 공원에서 돌아온다)

方雪芹 _ 爸爸，我 想 学 太极拳。
Bàba, wǒ xiǎng xué tàijíquán.

方 父 _ 是 吗?
Shì ma?

方雪芹 _ 你 有 空儿 的 时候，教 我 太极拳 吧。
Nǐ yǒu kòngr de shíhou, jiāo wǒ tàijíquán ba.

方 父 _ 好 啊。
Hǎo a.

方雪芹 _ 爸爸，学 太极拳 难 不 难?
Bàba, xué tàijíquán nán bù nán?

方 父 _ 不 难，但是 必须 有 毅力。
Bù nán, dànshì bìxū yǒu yìlì.

方雪芹 _ 多 长 时间 能 学会?
Duō cháng shíjiān néng xuéhuì?

方 父 _ 两 三 个 月 吧。
Liǎng sān ge yuè ba.

方雪芹 _ 爸爸，我 从 明天 开始 学。
Bàba, wǒ cóng míngtiān kāishǐ xué.

方 父 _ 好，我 现在 就 开始 教。
Hǎo, wǒ xiànzài jiù kāishǐ jiāo.

方雪芹 _ 爸，你 真 是 一个 好 老师……
Bà, nǐ zhēn shì yí ge hǎo lǎoshī…

본문해설

I ⋯⋯的时候

> **예** 你 有 空儿 的 时候，教 我 太极拳 吧。
> Nǐ yǒu kòngr de shíhou, jiāo wǒ tàijíquán ba.
> | 당신이 시간이 있을 때 내게 태극권을 가르쳐 주세요.

"⋯⋯的时候"는 '~할 때에'의 뜻이며, "⋯⋯的时候"가 이끄는 구는 일반적으로 문장의 첫머리에 놓여진다. 그 구의 앞에는 동사와 동사구나 형용사가 올 수도 있다.

① 甲 _ 你 吃饭 的 时候，喜欢 喝 什么?
　　Nǐ chīfàn de shíhou, xǐhuan hē shénme?
　　| 당신은 식사할 때 어떤 음료 드시는 거 좋아하세요?

　 乙 _ 我 吃饭 的 时候，喜欢 喝 啤酒。
　　Wǒ chīfàn de shíhou, xǐhuan hē píjiǔ.
　　| 나는 식사할 때 맥주 마시는 걸 좋아해요.

② 甲 _ 你 写 的 字 真 漂亮。
　　Nǐ xiě de zì zhēn piàoliang.
　　| 당신이 쓴 글자는 정말 예쁘네요.

　 乙 _ 我 小 的 时候，妈妈 经常 教 我 写 字。
　　Wǒ xiǎo de shíhou, māma jīngcháng jiāo wǒ xiě zì.
　　| 내가 어릴 적에 어머니가 항상 내게 글쓰기를 가르쳐 주셨어요.

③ 甲 _ 这 双 鞋 不太 合适。
　　Zhè shuāng xié bú tài héshì.
　　| 이 신발은 그리 맞지 않아요.

　 乙 _ 买 鞋 的 时候，应该 试 一下。
　　Mǎi xié de shíhou, yīnggāi shì yí xià.
　　| 신발을 살 때는 꼭 한 번 신어봐야 해요.

④ 甲 _ 咱们 什么 时候 见面?
　　Zánmen shénme shíhou jiànmiàn?
　　| 우리 언제 만날까요?

乙_ 吃 午饭的 时候 见面，好 吗?
Chī wǔfàn de shíhou jiànmiàn, hǎo ma?
| 점심식사할 때 만나는 거 어때요?

甲_ 好。
Hǎo.
| 좋아요.

2 대략적인 수의 표현법

例 两 三 个 月
Liǎng sān ge yuè
| 2, 3개월 정도

이처럼 두 개의 유사한 숫자를 함께 사용하여 대략적인 숫자를 나타낸다.

① 四五个 星期
sì wǔ ge xīngqī
| 4,5주

② 六七百 块 钱
liù qī bǎi kuài qián
| 6,7백 위엔

③ 十七八个 人
shíqī bā ge rén
| 17,8명

④ 二十八九 岁
èrshíbā jiǔ suì
| 28,9세

3 从……（开始）

例 我 从 明天 开始 学。
Wǒ cóng míngtiān kāishǐ xué.
| 나는 내일부터 배우기 시작한다.

"从……（开始）"는 "从"의 뒤에 시간, 장소나 범위를 나타내는 명사를 놓을 수 있으며 어떤 시간, 장소나 범위를 기점으로 함을 나타낸다.

① 甲_ 你 想 从 什么 时候 开始 学 广东话?
Nǐ xiǎng cóng shénme shíhou kāishǐ xué Guǎngdōnghuà?
| 당신은 언제부터 광동어를 배우고 싶나요?

乙_　我　想　从下个 星期开始 学。
Wǒ xiǎng cóng xià ge xīngqī kāishǐ xué.
| 나는 다음주부터 배우고 싶어요.

甲_　从　现在　开始 学，怎么样?
Cóng xiànzài kāishǐ xué, zěnmeyàng?
| 지금부터 시작하면 어때요?

乙_　好。
Hǎo.
| 좋아요.

② 甲_　你 从 哪儿 来?
Nǐ cóng nǎr lái?
| 당신은 어디에서 오셨죠?

乙_　从　我 家 来。
Cóng wǒ jiā lái.
| 우리집에서 왔어요.

③ 甲_　咱们　从 哪儿 开始 学?
Zánmen cóng nǎr kāishǐ xué?
| 우리는 어디서부터 배우죠?

乙_　从 "你 好!" 开始 学。
Cóng "Nǐ hǎo!" kāishǐ xué.
| '니하오'부터 배워요.

4 부사 就

🎧 我　现在 就 开始 教。
Wǒ xiànzài jiù kāishǐ jiāo.
| 나는 지금 바로 가르치기 시작할 거예요.

"就" 는 부사이며 동사의 앞에 놓여 동작이 아주 짧은 시간 안에서 곧 발생할 것임을 나타낸다.

① 甲_　你 什么 时候 开始 上班?
Nǐ shénme shíhou kāishǐ shàngbān?
| 당신은 언제 출근을 시작하죠?

乙_ 我 明天 就 开始 上班。
Wǒ míngtiān jiù kāishǐ shàngbān.
| 나는 내일 바로 출근을 시작해요.

② 甲_ 你 什么 时候 去?
Nǐ shénme shíhou qù?
| 당신은 언제 가세요?

乙_ 我 现在 就 去。
Wǒ xiànzài jiù qù.
| 나는 지금 바로 가요.

③ 甲_ 老 王, 请 你 来 一 下。
Lǎo Wáng, qǐng nǐ lái yí xià.
| 라오 왕, 좀 오실래요.

乙_ 请 稍 等, 我 就 来。
Qǐng shāo děng, wǒ jiù lái.
| 잠시 기다리세요. 바로 갈게요.

"就"는 일의 발생이 이름을 강조할 때도 사용할 수 있다. "就"의 앞에는 일반적으로 시간명사가 온다.

① 甲_ 你 睡觉 睡 得 早 吗?
Nǐ shuìjiào shuì de zǎo ma?
| 당신은 잠을 일찍 자나요?

乙_ 早, 我 每天 晚上 九 点 就 睡觉。
Zǎo, wǒ měitiān wǎnshang jiǔ diǎn jiù shuìjiào.
| 일찍 자요. 나는 매일 저녁 9시면 잠을 자요.

② 甲_ 今天 五 点 就 吃 晚饭, 好 吗?
Jīntiān wǔ diǎn jiù chī wǎnfàn, hǎo ma?
| 오늘 5시에 저녁 먹는 거 어때요?

乙_ 五 点 就 吃 晚饭? 太 早 了!
Wǔ diǎn jiù chī wǎnfàn? Tài zǎo le!
| 5시에 저녁을 먹자고요? 너무 일러요.

 문형연습

1 보기와 같이 물음에 답하세요("……的时候"를 이용).

┤보기├

你 有 空儿 的 时候， 教 我 太极拳 吧。
Nǐ yǒu kòngr de shíhou,　jiāo wǒ tàijíquán ba.
│당신이 시간이 있을 때 내게 태극권을 가르쳐 주세요.

① 女 ─ 我 小 的 时候 最 喜欢 骑 自行车。
Wǒ xiǎo de shíhou zuì xǐhuan qí zìxíngchē.

问 ─ 她 小 的 时候 最 喜欢 做 什么?
Tā xiǎo de shíhou zuì xǐhuan zuò shénme?

学生 _____ 。

② 男 ─ 我 六七 岁 的 时候 就 开始 打 网球 了。
Wǒ liù qī suì de shíhou jiù kāishǐ dǎ wǎngqiú le.

问 ─ 他 几岁 的 时候 就 开始 打 网球 了?
Tā jǐ suì de shíhou jiù kāishǐ dǎ wǎngqiú le?

学生 _____ 。

③ 女 ─ 我 累 的 时候 特别 想 听 音乐。
Wǒ lèi de shíhou tèbié xiǎng tīng yīnyuè.

问 ─ 她 累 的 时候 特别 想 做 什么?
Tā lèi de shíhou tèbié xiǎng zuò shénme?

学生 _____ 。

④ 男 ─ 我 买 东西 的 时候 最 讨厌 讲价。
Wǒ mǎi dōngxi de shíhou zuì tǎoyàn jiǎngjià.

问 ─ 他 买 东西 的 时候 最 讨厌 做 什么?
Tā mǎi dōngxi de shíhou zuì tǎoyàn zuò shénme?

学生 _____ 。

보충단어

● 骑
[qí]
(자전거, 오토바이
등을) 타다

● 自行车
[zìxíngchē]
자전거

● 讨厌
[tǎoyàn]
싫다, 밉다

● 讲价
[jiǎngjià]
값을 흥정하다

문형연습

2 보기와 같이 물음에 답하세요("就"를 이용).

┤보기├

我 现在 就开始 教。
Wǒ xiànzài jiù kāishǐ jiāo.
│ 나는 지금 바로 가르치기 시작할 것이다.

① 男 ─ 我 五岁就学会 游泳 了。
Wǒ wǔ suì jiù xuéhuì yóuyǒng le.

问 ─ 他 小的 时候就学会 游泳 了吗?
Tā xiǎo de shíhou jiù xuéhuì yóuyǒng le ma?

学生 ─ 对。_____。
Duì. _____ .

② 女 ─ 我 今天 早上 七点 半就来 了。
Wǒ jīntiān zǎoshang qī diǎn bàn jiù lái le.

问 ─ 她 今天 来得早 吗?
Tā jīntiān lái de zǎo ma?

学生 ─ 早。_____ 。
Zǎo. _____ .

③ 男 ─ 我 下个 星期 就得回 广州。
Wǒ xià ge xīngqī jiù děi huí Guǎngzhōu.

问 ─ 他 能在北京 住很 长 时间 吗?
Tā néng zài Běijīng zhù hěn cháng shíjiān ma?

学生 ─ 不 能。_____。
Bù néng. _____ .

④ 女 ─ 我 每天 早上 五 点就 起床。
Wǒ měitiān zǎoshang wǔ diǎn jiù qǐchuáng.

问 ─ 她 每天 起床 起得早 吗?
Tā měitiān qǐchuáng qǐ de zǎo ma?

学生 ─ 她 起得早。_____。
Tā qǐ de zǎo. _____ .

보충단어

● 住
[zhù]
살다, 거주하다

七 附近哪儿有公用 电话?
Fùjìn Nǎr Yǒu Gōngyòng Diànhuà?
근처 어디에 공중전화가 있나요?

公用(电话)	[gōngyòng(diànhuà)]	공중전화
用	[yòng]	사용하다
商场	[shāngchǎng]	상가, 백화점
里(边)	[lǐ(bian)]	안
电话卡	[diànhuàkǎ]	전화카드
卡	[kǎ]	카드
张	[zhāng]	장(평평한 것을 세는 양사)
收	[shōu]	받다
手续费	[shǒuxùfèi]	수속비, 수수료
手续	[shǒuxù]	수속
费	[fèi]	비용
正好	[zhènghǎo]	딱 좋다, 알맞다
服务员	[fúwùyuán]	종업원
服务	[fúwù]	봉사하다

(팡쉐친이 길을 가는데 갑자기 그녀의 호출기가 울린다)

方雪芹 _ 请 问，附近 哪儿 有 公用 电话?
Qǐngwèn, fùjìn nǎr yǒu gōngyòng diànhuà?

过路人 _ 前边 的 商场 里有。
Qiánbian de shāngchǎng lǐ yǒu.

(팡쉐친이 백화점으로 들어간다. 공중전화기가 카드전화기라서 안내데스크로 간다)

方雪芹 _ 请 问，这儿 卖 电话卡 吗?
Qǐngwèn, zhèr mài diànhuàkǎ ma?

服务员 _ 卖。
Mài.

方雪芹 _ 多少 钱 一 张?
Duōshao qián yì zhāng?

服务员 _ 有 三 种，有 二十 块 的、五十 块 的、一百 块 的。
Yǒu sān zhǒng, yǒu èrshí kuài de、 wǔshí kuài de、 yìbǎi kuài de.

方雪芹 _ 我 买 一 张 二十 块 的。收 手续费 吗?
Wǒ mǎi yì zhāng èrshí kuài de. Shōu shǒuxùfèi ma?

服务员 _ 不 收 手续费。
Bù shōu shǒuxùfèi.

方雪芹 _ 给 你 钱。
Gěi nǐ qián.

服务员 _ (잠시 세어 본다) 正好 啊。
Zhènghǎo a.

方雪芹 _ 谢谢。
Xièxie.

본문해설

**

ㅣ 존재를 나타내는 有자문

🌀 附近哪儿有 公用 电话?
Fùjìn nǎr yǒu gōngyòng diànhuà?
ㅣ근처 어디에 공중전화가 있나요?

"有"는 존재를 나타낸다. "장소와 방위를 나타내는 명사/대명사 + 有 + 사람/사물"은 어떤 장소에 어떤
사람이나 사물이 존재함을 나타낸다.

▌ 장소와 방위를 나타내는 명사 / 대명사 + 有 + 사람 / 사물

① 这儿有 银行 吗?
Zhèr yǒu yínháng ma?
ㅣ여기에 은행이 있어요?

② 那儿没有 邮局。
Nàr méiyǒu yóujú.
ㅣ그 곳에는 우체국이 없다.

이 문형에서 기타 다른 동사를 사용할 수도 있다.

▌ 장소와 방위를 나타내는 명사 / 대명사 + 동사 + 사건 / 사물

① 那儿不 能 打 电话。
Nàr bù néng dǎ diànhuà.
ㅣ거기에서는 전화를 걸 수 없다.

② 邮局里卖 报纸。
Yóujú lǐ mài bàozhǐ.
ㅣ우체국 안에서 신문을 판다.

③ 这个 商店 不 卖 啤酒。
Zhège shāngdiàn bú mài píjiǔ.
ㅣ이 상점은 맥주를 팔지 않는다.

본문해설

2 명사 + 里

📄 前 边 的　商场　里 有。
Qiánbian de shāngchǎng lǐ yǒu.
| 앞쪽 백화점 안에 있다.

"명사 + 里"는 일정한 범위 내에 있음을 나타낸다. 이것의 반대는 "명사 + 外"이다.

① 学校　里 有 银行、 商店。
Xuéxiào lǐ yǒu yínháng、 shāngdiàn.
| 학교 안에는 은행, 상점이 있다.

② 她 在 她的 卧室 里。
Tā zài tā de wòshì lǐ.
| 그녀는 그녀의 침실 안에 있다.

③ 他家里 没有 人。
Tā jiā lǐ méiyǒu rén.
| 그의 집 안에는 사람이 없다.

④ 这个 体育馆 里 可以 踢 足球。
Zhège tǐyùguǎn lǐ kěyǐ tī zúqiú.
| 이 체육관 안에서는 축구를 할 수 있다.

60

3 正好

🔊 正好 啊。
Zhènghǎo a.
| 딱 맞아요.

돈을 지불할 때, 당신이 지불하는 돈의 수치와 상대방이 받아야하는 돈의 수치가 완전히 일치하면 사람들은 일반적으로 "正好啊."라고 표현한다. 상대방에게 받은 돈의 숫자가 딱 들어맞는다는 것을 일깨워주기 위해서 이렇게 말할 수 있다.

① 顾客 _ 钱 正好 啊。
Qián zhènghǎo a.
| 금액이 정확히 맞죠.

售货员 _ 对，正好。 谢谢 您。 欢迎 您 再 来!
Duì, zhènghǎo. Xièxie nín. Huānyíng nín zài lái!
| 맞아요, 딱 맞아요. 감사합니다. 또 오세요.

"正好"는 또 다른 의미와 용법이 있다.

② 甲 _ 这 顶 帽子 小 不 小?
Zhè dǐng màozi xiǎo bù xiǎo?
| 이 모자는 작나요?

乙 _ 不 小，正好。 挺 合适 的。
Bù xiǎo, zhènghǎo. Tǐng héshì de.
| 작지 않고 딱 맞네요. 정말 잘 맞아요.

③ 甲 _ 我 想 去踢足球。
Wǒ xiǎng qù tī zúqiú.
| 나는 축구를 차러 가고 싶어요.

乙 _ 正好 我 也 要 去，一起 走 吧。
Zhènghǎo wǒ yě yào qù, yìqǐ zǒu ba.
| 마침 나도 가고 싶은데 같이 가죠.

문형연습

1 아래 주어진 단어를 선택하여 물음에 답하세요.

┤보기├

电话　号码　　　　　　　│전화번호
diànhuà hàomǎ

打　电话　　　　　　　　│전화를 걸다
dǎ　diànhuà

接　电话　　　　　　　　│전화를 받다
jiē diànhuà

回　电话　　　　　　　　│전화를 걸어주다
huí diànhuà

等　电话　　　　　　　　│전화를 기다리다
děng diànhuà

① 女 ＿ 赵　先生　的 电话 号码 是 多少？
Zhào xiānsheng de diànhuà hàomǎ shì duōshao?

男 ＿ 你要 做 什么？
Nǐ yào zuò shénme?

女 ＿ 我 要 给 他 打 电话。
Wǒ yào gěi tā dǎ diànhuà.

问 ＿ 女 的 要 做 什么？
Nǚ de yào zuò shénme?

学生 ＿＿＿＿＿＿＿＿＿＿＿＿＿＿ 。

보충단어

● 号码
[hàomǎ]
번호

② 男 ＿ 请　稍　等，我 去 接 电话。
Qǐng shāo děng, wǒ qù jiē diànhuà.

问 ＿ 他 去 做 什么？
Tā qù zuò shénme?

学生 ＿＿＿＿＿＿＿＿＿＿＿＿ 。

③ 女 ＿ 于 小姐 给 你 打过 电话，她 请 你 回来 以后 给 她 回 电话。
Yú xiǎojie gěi nǐ dǎguo diànhuà, tā qǐng nǐ huílai yǐhòu gěi tā huí diànhuà.

男 ＿ 好，我 现在 给 她 回 电话。
Hǎo, wǒ xiànzài gěi tā huí diànhuà.

问 ＿ 他 要 做 什么?
Tā yào zuò shénme?

学生 ＿＿＿＿＿＿＿＿＿＿＿＿＿＿＿＿ 。

④ 男 ＿ 下午 我 给 你 打 电话。
Xiàwǔ wǒ gěi nǐ dǎ diànhuà.

女 ＿ 好，下午 我 等 你 的 电话。
Hǎo, xiàwǔ wǒ děng nǐ de diànhuà.

问 ＿ 下午 女 的 要 做 什么?
Xiàwǔ nǚ de yào zuò shénme?

学生 ＿＿＿＿＿＿＿＿＿＿＿＿＿＿＿ 。

보충단어

● 干洗
[gānxǐ]
드라이클리닝

● 洗衣店
[xǐyīdiàn]
세탁소

店
[diàn]
점포

2 아래 물음에 답하세요.

┤보기├

请 问，附近 哪儿 有 公用 电话?
Qǐngwèn, fùjìn nǎr yǒu gōngyòng diànhuà?
| 실례지만 근처 어디에 공중전화가 있나요?

请 问，这儿 卖 电话卡 吗?
Qǐngwèn, zhèr mài diànhuàkǎ ma?
| 실례지만 여기에서 전화카드 팔아요?

① 男 ＿ 附近 哪儿 可以 干洗 衣服?
Fùjìn nǎr kěyǐ gānxǐ yīfu?

女 ＿ 前边 有 一个 洗衣店。
Qiánbian yǒu yí ge xǐyīdiàn.

问 ＿ 他 问 什么?
Tā wèn shénme?

学生 ＿ 他 问，＿＿＿＿＿＿＿＿＿ 。
Tā wèn, ＿＿＿＿＿＿＿＿＿ .

② 男 ─ 请 问，附近 哪儿 有 花店？
　　　Qǐngwèn, fùjìn　nǎr yǒu huādiàn?

　　女 ─ 在 前边，洗衣店 旁边　就是。
　　　Zài qiánbian, xǐyīdiàn pángbiān jiù shì.

　　问 ─ 他 问 什么？
　　　Tā wèn shénme?

　　学生 ─ 他 问，＿＿＿＿＿＿＿＿＿＿ 。
　　　Tā wèn, ＿＿＿＿＿＿＿＿＿＿ .

③ 男 ─ 这儿 有 没有　公用　电话？
　　　Zhèr　yǒu méiyǒu gōngyòng diànhuà?

　　女 ─ 这儿 没有，马路 对面　有。
　　　Zhèr méiyǒu,　mǎlù duìmiàn yǒu.

　　问 ─ 他 问 什么？
　　　Tā wèn shénme?

　　学生 ─ 他 问，＿＿＿＿＿＿＿＿＿＿ 。
　　　Tā wèn, ＿＿＿＿＿＿＿＿＿＿ .

④ 男 ─ 书店 里卖 不卖 磁带？
　　　Shūdiàn lǐ　mài bú mài cídài?

　　女 ─ 当然　卖。
　　　Dāngrán mài.

　　问 ─ 他 问　什么？
　　　Tā wèn shénme?

　　学生 ─ 他 问，＿＿＿＿＿＿＿＿ 。
　　　Tā wèn, ＿＿＿＿＿＿＿＿ .

보충단어

● 花店
[huādiàn]
꽃가게

● 马路
[mǎlù]
길, 도로

● 书店
[shūdiàn]
서점

● 磁带
[cídài]
(카세트)테이프

八 请你十分钟以后再打
Qǐng Nǐ Shí Fēnzhōng Yǐhòu Zài Dǎ
10분 후에 다시 걸어 주세요

새단어

● 麻烦	[máfan]	번거롭다
● 以后	[yǐhòu]	이후에, 앞으로
● 打(电话)	[dǎ(diànhuà)]	(전화를) 걸다
● 别	[bié]	~ 하지 마라
● 挂	[guà]	끊다
● 回来	[huílai]	돌아오다
回	[huí]	돌아오다
过	[guo]	동태조사 (동사 뒤에 쓰여 경험을 나타냄)
● 有事	[yǒushì(r)]	일이 있다
事	[shì(r)]	일
● 玩儿	[wánr]	놀다
● 那	[nà;nèi]	그럼
● 一言为定	[yìyán wéidìng]	한 마디로 결정하다

|고유명사|

● 香山	[Xiāngshān]	향산

전화로 사람을 찾을 때 그 사람이 부재중이면 전화를 받는 사람은 어떻게 대답을 할까? 우리 팡쉐친이 띵루루에게 전화를 하는 상황을 살펴보자.

(팡쉐친은 전화카드를 넣고 띵루루에게 전화를 한다)

丁的同事 _ 喂，你好!
Wéi, nǐ hǎo!

方雪芹 _ 喂，你好! 麻烦 您 找 一下 丁璐璐。
Wéi, nǐ hǎo! Máfan nín zhǎo yíxià Dīng Lùlu.

丁的同事 _ 她 现在 不 在。 请 你 十分钟 以后 再打，好 吗?
Tā xiànzài bú zài. Qǐng nǐ shí fēnzhōng yǐhòu zài dǎ, hǎo ma?

方雪芹 _ 好 的，谢谢 您。
Hǎo de, xièxie nín.

(때마침 그 때 띵루루가 돌아온다)

丁的同事 _ 请 等 一下，你 别 挂，她 现在 回来 了。您 的 电话。
Qǐng děng yíxià, nǐ bié guà, tā xiànzài huílai le. Nín de diànhuà.

丁璐璐 _ (전화를 건네 받고) 谢谢，喂，你 好!
Xièxie, wéi, nǐ hǎo!

方雪芹 _ (喂)，璐璐，我 是 雪芹。
(Wéi), Lùlu, wǒ shì Xuěqín.

丁璐璐 _ 我 给 你 办公室 打过 电话,你 不 在。
Wǒ gěi nǐ bàngōngshì dǎguo diànhuà, nǐ bú zài.

方雪芹 _ 找 我 有 事 吗?
Zhǎo wǒ yǒu shìr ma?

丁璐璐 _ 这个 周末，咱们 一起 去 香山 玩儿 怎么样?
Zhège zhōumò, zánmen yìqǐ qù Xiāngshān wánr zěnmeyàng?

方雪芹 _ 去 香山? 好 啊。我 和 文龙 正好 也 想 去 香山。
Qù Xiāngshān? Hǎo a. Wǒ hé Wénlóng zhènghǎo yě xiǎng qù Xiāngshān.

丁璐璐 _ 是 吗? 那 太 好 了! 星期六 (去) 怎么样?
Shì ma? Nà tài hǎo le! Xīngqīliù (qù) zěnmeyàng?

方雪芹 _ 星期六? 好。一言为定。
Xīngqīliù? Hǎo. Yìyán wéidìng.

丁璐璐 _ 一言为定。
Yìyán wéidìng.

l 麻烦您 / 你……

예 麻烦 您 找 一下 丁 璐璐。
Máfan nín zhǎo yíxià Dīng Lùlu.
| 죄송하지만 띵루루 좀 바꿔주세요.

다른 사람에게 어떤 일을 부탁할 때 좀더 예의 바르게 말하고 싶다면 다음과 같이 말할 수 있다.

① 麻烦 你 给我 一杯 水。
Máfan nǐ gěi wǒ yì bēi shuǐ.
| 죄송하지만 물 한 잔 주세요.

② 麻烦 你, 关 一下 门。
Máfan nǐ, guān yíxià mén.
| 죄송하지만 문 좀 닫아주세요.

③ 麻烦 您, 请 再 说 一遍。
Máfan nín, qǐng zài shuō yí biàn.
| 죄송하지만 다시 한번 말씀해 주세요.

2 以后

예 请 你 十 分钟 以后 再 打, 好 吗?
Qǐng nǐ shí fēnzhōng yǐhòu zài dǎ, hǎo ma?
| 10 분 후에 다시 전화를 주시겠어요?

"以后"의 위치는 "……的时候"와 유사하며 그것이 이끄는 종속절의 뒤에 놓인다.

① 我 一个 星期 以后 去 广州。
Wǒ yí ge xīngqī yǐhòu qù Guǎngzhōu.
| 나는 일주일 후에 광저우에 간다.

② 圣诞节 以后 我 要 开始 学 画画儿。
Shèngdànjié yǐhòu wǒ yào kāishǐ xué huàhuàr.
| 크리스마스 후에 나는 그림공부를 시작하려고 한다.

③ 下课 以后 咱们 一起 去 踢 足球 吧。
Xiàkè yǐhòu zánmen yìqǐ qù tī zúqiú ba.
| 수업을 마친 후에 우리 함께 축구를 하러 가자.

"**以后**" 는 단독으로 사용할 수 있다.

① 甲 _ **以后 我 不 在 这儿 吃饭 了。**
Yǐhòu wǒ bú zài zhèr chī fàn le.
| 앞으로 나는 여기에서 식사를 하지 않을 거예요.

乙 _ **为什么?**
Wèishénme?
| 왜요?

甲 _ **这儿 的 服务 不 太 好。**
Zhèr de fúwù bú tài hǎo.
| 이곳 서비스가 그다지 좋지 않아요.

② 妈妈 _ **你 每天 应该 早早 地 起床。**
Nǐ měitiān yīnggāi zǎozǎo de qǐchuáng.
| 너는 매일 일찍 일어나야 해.

儿子 _ **今天 不 行, 我 太 累 了。以后 吧。**
Jīntiān bù xíng, wǒ tài lèi le. yǐhòu ba.
| 오늘은 안 돼요. 나는 너무 피곤해요. 앞으로 그렇게 할 게요.

3 给······打电话

예 **我 给 你 办公室 打过 电话。**
Wǒ gěi nǐ bàngōngshì dǎguo diànhuà.
| 나는 당신 사무실로 전화를 했었다.

"**打**"는 "**打电话**"에 사용되어 '걸다'라는 뜻이다. '~에게 전화를 걸다'라고 할 경우에는 "**给某人打电话**"
라고 말해야 한다. 여기에서 "**给**"는 개사이며 '~에게, ~을 위해'에 해당한다.

① **晚上 你给我打电话 吧。**
Wǎnshang nǐ gěi wǒ dǎ diànhuà ba.
| 저녁에 당신이 내게 전화를 주세요.

② **我 不 想 给 她 打 电话。**
Wǒ bù xiǎng gěi tā dǎ diànhuà.
| 나는 그녀에게 전화를 하고 싶지 않다.

② 我 一刻 钟 以后 再 给 他 打 电话。
Wǒ yí kè zhōng yǐhòu zài gěi tā dǎ diànhuà.
| 나는 15분 후에 다시 그에게 전화를 할 것이다.

4 동태조사 过

💬 我 给 你 办公室 打过 电话。
Wǒ gěi nǐ bàngōngshì dǎguo diànhuà.
| 나는 당신 사무실로 전화를 했었다.

"过"는 동태조사로서 동사 뒤에 놓여 과거의 경험을 나타낸다. 부정형은 동사 앞에 "没(有)"를 쓴다.

동사 + 过	没(有) + 동사 + 过

① 你 吃过 牛肉 饺子 吗?
Nǐ chīguo niúròu jiǎozi ma?
| 당신은 소고기만두를 먹어본 적이 있어요?

我 吃过 牛肉 饺子。　　　　　　- 我 没 吃过 牛肉 饺子。
Wǒ chīguo niúròu jiǎozi.　　　　- Wǒ méi chīguo niúròu jiǎozi.
| 나는 소고기만두를 먹어본 적이 있어요.　　- 나는 소고기만두를 먹어본 적이 없어요.

② 昨天 你 给 我 打过 电话 吗?
Zuótiān nǐ gěi wǒ dǎguo diànhuà ma?
| 어제 당신 내게 전화를 건 적이 있어요?

昨天 我 给 你 打过 电话。　　　　- 昨天 我 没(有) 给 你 打过 电话。
Zuótiān wǒ gěi nǐ dǎguo diànhuà.　- Zuótiān wǒ méi(yǒu) gěi nǐ dǎguo diànhuà.
| 어제 나는 당신에게 전화를 한 적이 있어요.　- 어제 나는 당신에게 전화를 한 적이 없어요.

5 약속과 완곡한 거절

💬 找 我 有 事 吗?
Zhǎo wǒ yǒu shìr ma?
| 무슨 일로 나를 찾았나요?

"有事"는 아주 유용한 표현으로 우리가 앞에서 배운 바 있다. 친구와 약속을 할 때 "星期天晚上你有空吗? (일요일 저녁에 너 시간 있어?)"는 "星期天晚上你有事吗? (일요일 저녁에 너 무슨 일 있니?)"로 말할 수 있다. 친구가 "没有事(일 없어)"라고 하면 다음 단계를 진행시킬 수 있다. 다른 사람이 "星期天晚

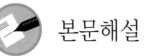

上你有空吗? (일요일 저녁에 너 시간 있어?)"라고 물어 본다면 '당신 무슨 일 있어요?'라는 뜻인 "你有
事吗? " 혹은 "你有什么事? "로 되물을 수 있다. 그러면 상대방이 자신의 계획을 말할 것이다. 거절할 때
는 "对不起,我有事,不能去。(죄송해요, 사정이 있어서 갈 수 없어요.)"라고 말할 수 있으며 무슨 일인지는
말해도 되고 말하지 않아도 된다. 응하고 싶지 않거나 아무 일이 없더라도 "我有事(일이 있어요)"라는 말
로 거절할 수 있다.

① 甲 _ 星期天　晚上　你有事吗?
　　　　Xīngqītiān wǎnshang nǐ yǒu shì ma?
　　　　｜일요일 저녁에 당신 일이 있나요?

　　乙 _ 没有　事。
　　　　Méiyǒu shì.
　　　　｜일은 없어요.

　　甲 _ 一起去 跳舞 吧。
　　　　Yìqǐ　qù tiàowǔ ba.
　　　　｜함께 춤추러 갑시다.

　　乙 _ 好　的。
　　　　Hǎo de.
　　　　｜좋아요.

② 甲 _ 星期天　晚上　你有空　吗?
　　　　Xīngqītiān wǎnshang nǐ yǒu kòng ma?
　　　　｜일요일 저녁에 당신 시간 있어요?

　　乙 _ 你有　什么事?
　　　　Nǐ yǒu shénme shì?
　　　　｜무슨 일 있어요?

　　甲 _ 我们　星期天　晚上　有个聚会, 你来吧。
　　　　Wǒmen xīngqītiān wǎnshang yǒu ge jùhuì,　nǐ lái ba.
　　　　｜우리 일요일 저녁에 모임이 있는데, 당신 오시겠어요?

　　乙 _ 对不起, 星期天　晚上　我有事, 不能去。
　　　　Duìbuqǐ,　xīngqītiān wǎnshang wǒ yǒu shì,　bù néng qù.
　　　　｜죄송하지만 일요일 저녁에는 내가 일이 있어서 갈 수가 없어요.

문형연습 　**

1 아래 물음에 답하세요.

┤보기├

你 别 挂。
Nǐ bié guà.
| 전화 끊지 마세요.

① 男 __ 好好儿看 书，别 说话。
　　　　Hǎohāor kàn shū, bié shuōhuà.

　　问 __ 他 说 什么?
　　　　Tā shuō shénme?

　　学生 __ 他 说，＿＿＿＿＿＿＿ 。
　　　　　Tā shuō ＿＿＿＿＿＿＿ .

② 女 __ 上课 的时候 别吃东西。
　　　　Shàngkè de shíhou bié chī dōngxi.

　　问 __ 她 说 什么?
　　　　Tā shuō shénme?

　　学生 __ 她 说，＿＿＿＿＿＿＿ 。
　　　　　Tā shuō ＿＿＿＿＿＿＿ .

③ 男 __ 这 件 事别告诉我 姐姐。
　　　　Zhè jiàn shì bié gàosu wǒ jiějie.

　　问 __ 他 说 什么?
　　　　Tā shuō shénme?

　　学生 __ 他 说，＿＿＿＿＿＿＿ 。
　　　　　Tā shuō, ＿＿＿＿＿＿＿ .

④ 女 __ 别 吵了，请 安静。
　　　　Bié chǎo le, qǐng ānjìng.

　　问 __ 她 说 什么?
　　　　Tā shuō shénme?

　　学生 __ 她 说，＿＿＿＿＿ 。
　　　　　Tā shuō, ＿＿＿＿＿ .

보충단어

● 说话
[shuōhuà]
말하다

话
[huà]
말

● 告诉
[gàosu]
알리다

● 吵
[chǎo]
떠들다

● 安静
[ānjìng]
조용하다

2 아래 물음에 답하세요.

┤보기├

我 给 你 办公室   打过   电话。
Wǒ gěi nǐ bàngōngshì dǎguo diànhuà.
| 내가 당신 사무실로 전화했었어요.

① 女 _ 你 以前 去过 桂林 吗?
　　　　Nǐ yǐqián qùguo Guìlín ma?

　 男 _ 去过, 一 年 以前 我 去过 一次。
　　　　Qùguo, yì nián yǐqián wǒ qùguo yí cì.

　 问 _ 他 以前 去过 桂林 吗?
　　　　Tā yǐqián qùguo Guìlín ma?

　 学生 _____ , _____ 。

② 男 _ 你 以前 认识 他 吗?
　　　　Nǐ yǐqián rènshi tā ma?

　 女 _ 不 认识。我 没 见过 他。
　　　　Bú rènshi. Wǒ méi jiànguo tā.

　 问 _ 她 以前 认识 那个 人 吗?
　　　　Tā yǐqián rènshi nèige rén ma?

　 学生 _____ , _____ 。

③ 男 _ 这个 句子 麻烦 你 再 解释 一下。
　　　　Zhège jùzi máfan nǐ zài jiěshì yíxià.

　 女 _ 这个 句子 老师 解释过。
　　　　Zhège jùzi lǎoshī jiěshìguo.

　 男 _ 对。不过 我 还 不 懂。
　　　　Duì. Búguò wǒ hái bù dǒng.

　 问 _ 这个 句子 老师 解释过 吗?
　　　　Zhège jùzi lǎoshī jiěshìguo ma?

　 学生 _____ 。

보충단어

● 以前
[yǐqián]
이전

● 认识
[rènshi]
알다, 인식하다

● 句子
jùzi
문장

● 句
jù
문장

● 解释
jiěshì
해석하다, 설명하다

|고유명사|

● 桂林
Guìlín
꾸이린

九

师傅, 去太阳公司
Shīfu, Qù Tàiyáng Gōngsī
아저씨, 타이양 회사로 가 주세요

师傅	[shīfu]	선생(타인에 대한 경칭)
太阳	[tàiyáng]	해, 태양
司机	[sījī]	운전기사
会议中心	[huìyì zhōngxīn]	컨퍼런스 센터
会议	[huìyì]	회의
中心	[zhōngxīn]	센터, 중심
怎么(走)	[zěnme (zǒu)]	어떻게 (가다)
停(车)	[tíng (chē)]	(차를) 멈추다, 세우다
路口	[lùkǒu]	길목, 교차로
天桥	[tiānqiáo]	육교
下边	[xiàbian]	아래
称呼	[chēnghu]	호칭

| 고유명사 |

三环路	[Sānhuánlù]	삼환로
太阳公司	[Tàiyáng Gōngsī]	타이양 회사
于	[Yú]	위(사람의 성)

우리 팡쉐친이 어떻게 택시를 타는지 살펴보고 관련 표현도 익혀보자.

(팡쉐친이 길가에서 손을 흔들어 택시를 잡는다)

方雪芹 _ 师傅，去 太阳 公司。
Shīfu,　 qù Tàiyáng Gōngsī.

司 机 _ 太阳 公司 在 哪儿?
Tàiyáng Gōngsī zài　 nǎr?

方雪芹 _ 在 会议 中心 附近。
Zài Huìyì Zhōngxīn fùjìn.

司 机 _ 在 会议 中心 附近。
Zài Huìyì Zhōngxīn fùjìn.

怎么走?
Zěnme zǒu?

方雪芹 _ 从 三环路 走。
Cóng Sānhuánlù zǒu.

(차가 길목 부근을 지날 때 팡쉐친은 차를 세우려고 한다)

方雪芹 _ 师傅，请 停 一下 车。
Shīfu,　 qǐng tíng yíxià chē.

司 机 _ 对不起，路口 不 能 停 车。
Duìbuqǐ,　 lùkǒu bù néng tíng chē.

(차가 육교를 지날 때 팡쉐친은 운전기사에게 차를 세우게 한다)

方雪芹 _ 师傅，请 在 天桥 下边 停 一下 车，可以 吗?
Shīfu,　 qǐng zài tiānqiáo xiàbian tíng yíxià chē,　 kěyǐ ma?

司 机 _ 可以。
Kěyǐ.

方雪芹 _ 请 等 我 一会儿，我 去 买 一点儿 东西。
Qǐng děng wǒ yíhuìr,　 wǒ qù mǎi yìdiǎnr dōngxi.

1 호칭(6)

师傅，去 太阳 公司。
Shīfu, qù Tàiyáng Gōngsī.
| 아저씨, 타이양 회사로 가 주세요.

"师傅"는 택시운전기사, 판매원, 종업원 등 서비스업에 종사하는 사람을 두루 가리킬 수도 있고 길에서 마주치는 사람을 가리킬 수도 있는 일반적인 호칭이다. 이 호칭은 성별, 연령, 직업에 관계없이 쓰이지만, 일반적으로 상대가 지식인이나 사회적 지위가 비교적 높은 사람, 군인, 경찰, 공무원 등일 때에는 쓸 수 없다.

2 怎么 + 동사

怎么 走?
Zěnme zǒu?
| 어떻게 가죠?

"怎么"는 '어떻게'란 뜻으로, "怎么 + 동사"는 어떻게 할 것인지를 물을 때 사용한다.

① 你 的 名字 怎么 写?
Nǐ de míngzi zěnme xiě?
| 당신의 이름은 어떻게 써요?

② 甲_ "爸爸 的 爸爸" 用 汉语 怎么 说?
"Bàba de bàba" yòng Hànyǔ zěnme shuō?
| '아버지의 아버지'는 중국어로 어떻게 말하죠?

乙_ 汉语 说 "爷爷"。
Hànyǔ shuō "yéye".
| 중국어로 "爷爷(할아버지)"라고 해요.

③ 甲_ 饺子 怎么 做?
Jiǎozi zěnme zuò?
| 만두는 어떻게 만들어요?

乙_ 我 不 知道 怎么 做, 不过 我 知道 怎么 吃。
Wǒ bù zhīdao zěnme zuò, búguò wǒ zhīdao zěnme chī.
| 나는 어떻게 만드는지 모르지만 어떻게 먹는지는 알아요.

"我怎么称呼你/您? "는 예의를 갖춰 상대방에게 이름을 묻는 표현이다. 상대가 당신에게 자신의 성을
가르쳐 주었는데 그 사람의 이름도 알고 싶을 경우 "怎么称呼? "라고 하면 된다.

① 甲 _ 我 怎么 称呼 您?
　　　 Wǒ zěnme chēnghu nín?
　　　 | 내가 당신을 어떻게 호칭해야 되나요?

　 乙 _ 你 叫 我 老 赵 吧。
　　　 Nǐ jiào wǒ Lǎo Zhào ba.
　　　 | 나를 라오 짜오라고 불러 주세요.

② 甲 _ 您 贵 姓?
　　　 Nín guì xìng?
　　　 | 성이 어떻게 되시죠?

　 乙 _ 我 姓 于。
　　　 Wǒ xìng Yú.
　　　 | 내 성은 위에요.

　 甲 _ 我 怎么 称呼 您?
　　　 Wǒ zěnme chēnghu nín?
　　　 | 성함이 어떻게 되시죠?

　 乙 _ 你 叫 我 小 于 吧。
　　　 Nǐ jiào wǒ Xiǎo Yú ba.
　　　 | 나를 샤오 위라고 불러 주세요.

3 도로의 선택

例 从 三环路 走。
　 Cóng Sānhuánlù zǒu.
　 | 삼환로로 가세요.

"三环路"는 베이징의 주요 순환도로이다. 베이징에는 현재 이환로(二环路), 삼환로(三环路), 사환로
(四环路) 이렇게 세 개의 주요 순환도로가 있고, 오환로(五环路)는 현재 계획단계에 있다. 목적지로 가
는 길이 여럿 있을 때 택시기사는 보통 어느 길로 갈지 물어 본다. 이 때 "从……走。"를 사용하여 대
답할 수 있다.

从 ⋯⋯ 走
cóng ⋯ zǒu

① 从　这 条 路 走，这 条 路 近。
Cóng zhè tiáo lù zǒu, zhè tiáo lù jìn.
| 이 길로 가세요. 이 길이 가까워요.

② 从　　前边 的 路 走。
Cóng qiánbian de lù zǒu.
| 앞쪽의 길로 가세요.

4 허락을 구할 때의 표현

예 师傅，请 在 天桥　下边 停 一下 车，　可以 吗?
Shīfu, qǐng zài tiānqiáo xiàbian tíng yíxià chē, kěyǐ ma?
| 기사 아저씨, 육교 아래에 세워 주실 수 있어요?

"⋯, 可以 吗?" 는 다른 사람의 허락을 구할 때 많이 쓰는 표현이다.

① 甲 _ 你 教 我 汉语，可以 吗?
Nǐ jiāo wǒ Hànyǔ, kěyǐ ma?
| 당신은 내게 중국어를 가르쳐 줄 수 있어요?

乙 _ 好 啊。你 想　怎么 学?
Hǎo a. Nǐ xiǎng zěnme xué?
| 좋아요. 당신은 어떻게 배우고 싶으세요?

② 甲 _ 我　用 一下 你 的 笔，可以 吗?
Wǒ yòng yíxià nǐ de bǐ, kěyǐ ma?
| 당신 펜을 좀 써도 될까요?

乙 _ 当然　可以，给 你 笔。
Dāngrán kěyǐ, gěi nǐ bǐ.
| 당연하죠, 펜 여기 있어요.

甲 _ 谢谢。
Xièxie.
| 고마워요.

5 (一)点儿 + 명사

예 我 去买 一点儿 东西。
Wǒ qù mǎi yìdiǎnr dōngxi.
| 나는 물건 좀 사러 간다.

"(一)点儿"은 명사 앞에 놓여 '조금, 약간'의 뜻으로 쓰인다. "一点儿"앞에 동사가 오면 "一"는 생략될 수 있다.

> (一) 点儿 + 명사

① 我 要(一)点儿 牛奶。
Wǒ yào (yì) diǎnr niúnǎi.
| 나는 우유가 좀 필요하다.

② 你吃 (一)点儿 吧。
Nǐ chī (yì) diǎnr ba.
| (당신) 좀 드세요.

③ 我 会 说 (一)点儿 法语。
Wǒ huì shuō (yì) diǎnr Fǎyǔ.
| 나는 불어를 좀 할 수 있다.

문형연습

1 보기와 같이 물음에 답하세요("怎么＋동사"를 이용).

┤보기├

怎么 走?
Zěnme zǒu?

│ 어떻게 가죠?

① 女 __ 你们 怎么 称呼 他?
　　　 Nǐmen zěnme chēnghu tā?

　　 男 __ 我们 叫 他 老 张。
　　　 Wǒmen jiào tā Lǎo Zhāng.

　　 问 __ 她 问 什么?
　　　 Tā wèn shénme?

　　 学生 _____ 。

② 女 __ 这个 录音机 怎么 用?
　　　 Zhège lùyīnjī zěnme yòng?

　　 男 __ 很 容易，我 告诉 你。
　　　 Hěn róngyì, wǒ gàosu nǐ.

　　 问 __ 她 问 什么?
　　　 Tā wèn shénme?

　　 学生 _____ 。

③ 男 __ 这个 问题 怎么 回答?
　　　 Zhège wèntí zěnme huídá?

　　 女 __ 我 也 不 知道。
　　　 Wǒ yě bù zhīdao.

　　 问 __ 他 问 什么?
　　　 Tā wèn shénme?

　　 学生 _____ 。

④ 女 __ 这 句 话 怎么 翻译?
　　　 Zhè jù huà zěnme fānyì?

　　 男 __ 你 问问 小 杨 吧。
　　　 Nǐ wènwen Xiǎo Yáng ba.

　　 问 __ 她 问 什么?
　　　 Tā wèn shénme?

　　 学生 _____ 。

보충단어

● 录音机
[lùyīnjī]
녹음기, 라디오

● 容易
[róngyì]
쉽다

● 问题
[wèntí]
문제

● 回答
[huídá]
대답하다

● 翻译
[fānyì]
통역하다, 번역하다

│고유명사│

● 杨
[Yáng]
양(사람의 성)

문형연습 **

2 보기와 같이 물음에 답하세요.

┤보기├

请 在 路口 停 一下 车。
Qǐng zài lùkǒu tíng yíxià chē.
│교차로에 좀 세워 주세요.

在 第 二 个 路口 往 右 拐。
Zài dì èr ge lùkǒu wǎng yòu guǎi.
│두 번째 교차로에서 우회전하세요.

① 甲 _ 请 在 那个 门口 停 一下 车, 好 吗?
Qǐng zài nèi ge ménkǒu tíng yíxià chē, hǎo ma?

乙 _ 好。
Hǎo.

问 _ 他 要 做 什么?
Tā yào zuò shénme?

学生 _____ 。

보충단어

● 门口
[ménkǒu]
문 입구

门
[mén]
문

● 红绿灯
[hónglǜdēng]
신호등

● 立交桥
[lìjiāoqiáo]
고가도로

● 掉头
[diàotóu]
(방향을) 되돌리다

② 甲 _ 请 在 第二个 红绿灯 前边 停 一下 车。
Qǐng zài dì èr ge hónglǜdēng qiánbian tíng yíxià chē.

乙 _ 对不起, 红绿灯 前边 不 能 停车。
Duìbuqǐ, hónglǜdēng qiánbian bù néng tíng chē.

问 _ 她 要 做 什么?
Tā yào zuò shénme?

学生 _____ 。

③ 甲 _ 怎么 走?
Zěnme zǒu?

乙 _ 从 第二个 立交桥 往 南 走。
Cóng dì èr ge lìjiāoqiáo wǎng nán zǒu.

问 _ 他 说 怎么 走?
Tā shuō zěnme zǒu?

学生 _____ 。

④ 甲 _ 师傅, 前边 的 路口 能 掉头 吗?
Shīfu, qiánbian de lùkǒu néng diàotóu ma?

乙 _ 可以。
Kěyǐ.

问 _ 司机 说 可以 做 什么?
Sījī shuō kěyǐ zuò shénme?

学生 _____ 。

80

请开一张发票
Qǐng kāi yì zhāng fā piào
영수증 한 장 발행해 주세요

到	[dào]	이르다, 도달하다
往	[wǎng]	(~을) 향하여
左	[zuǒ]	왼쪽
拐	[guǎi]	돌다
大概	[dàgài]	아마, 대개, 대략
好像	[hǎoxiàng]	마치 ~와 같다
错	[cuò]	틀리다
下去	[xiàqu]	내려가다
下(车)	[xià(chē)]	차에서 내리다
第	[dì]	~번째(수사 앞에 쓰여 순서를 표시)
右	[yòu]	오른쪽
没事儿	[méi shìr]	괜찮다
开发票	[kāi fāpiào]	영수증을 발행하다
开	[kāi]	(문서, 처방전 등을) 쓰다
发票	[fāpiào]	영수증

회화 ✳✳

쉐친이 목적지를 택시운전기사에게 어떻게 가르쳐 주는지 살펴보자.

(차가 컨퍼런스 센터에 도착한다)

司机 _ 会议 中心 到了。怎么 走?
Huìyì Zhōngxīn dào le. Zěnme zǒu?

方雪芹 _ 往 前 走，在 路口 往 左 拐。
Wǎng qián zǒu, zài lùkǒu wǎng zuǒ guǎi.

司机 _ 还 远 吗?
Hái yuǎn ma?

方雪芹 _ 不 远，大概 还有 两 三 分钟 的 路。
Bù yuǎn, dàgài háiyǒu liǎngsān fēnzhōng de lù.

(길을 잘못 들어섰다는 생각에 들어)

方雪芹 _ 师傅，好像 走错 了。请 停车，我 下去 问问。
Shīfu, hǎoxiàng zǒu cuò le. Qǐng tíng chē, wǒ xiàqù wènwen.

(팡쉐친 차로 돌아와서)

方雪芹 _ 咱们 走错 了，得 往 回 走。
Zánmen zǒu cuò le, děi wǎng huí zǒu.

司机 _ 往 回 走?
Wǎng huí zǒu?

方雪芹 _ 对，在 第二个 路口 往 右 拐。
Duì, zài dì èr ge lùkǒu wǎng yòu guǎi.

(기사가 차를 돌린 후)

方雪芹 _ 师傅，真 对不起，麻烦 您 了!
Shīfu, zhēn duìbuqǐ, máfan nín le!

司机 _ 没 事儿。
Méi shìr.

方雪芹 _ (타이양 회사의 간판을 발견하고는) 就是 这儿。师傅，请 停 车!
Jiùshì zhèr. Shīfu, qǐng tíng chē!

司机 _ (미터기를 가리키며) 二十七 块 二。
Èrshíqī kuài èr.

方雪芹 _ 请 开 一 张 发票。
Qǐng kāi yì zhāng fāpiào.

본문해설

I 개사 往

🎤 往 前 走。
Wǎng qián zǒu.
| 앞으로 (곧장) 가세요.

"往"은 개사로서, 동작의 방향을 나타낸다. '~을 향하여'라는 뜻으로 뒤에는 방위, 장소를 나타내는 단어(방위사)가 온다.

> 往 + 방위 · 장소를 나타내는 단어(방위사) + 동사

① 甲_ 往 哪儿 走?
Wǎng nǎr zǒu?
| 어느 방향으로 갈까요?

乙_ 往 前 走。
Wǎng qián zǒu.
| 직진하세요(앞으로 가세요).

② 往 那儿 看。
Wǎng nàr kàn.
| 저쪽을 보세요.

③ 往 里边 坐坐, 好 吗?
Wǎng lǐbian zuòzuo, hǎo ma?
| 안쪽으로 가서 앉으시면 안 될까요?

④ 在 路口 往 右 拐。
Zài lùkǒu wǎng yòu guǎi.
| 교차로에서 우회전하세요.

⑤ 到 前边 往 右 拐。
Dào qiánbian wǎng yòu guǎi.
| 앞으로 가다가 우회전하세요.

⑥ 你 应该 往 东 拐, 不 是 往 西 拐。
Nǐ yīnggāi wǎng dōng guǎi, bú shì wǎng xī guǎi.
| 서쪽으로 돌지 말고 동쪽으로 돌아야 해요.

본문해설

2 동사 + 错 + 了

🔊 好像　走错了。
Hǎoxiàng zǒu cuò le.
ㅣ잘못 온 것 같아요.

"동사 + **错** + **了**"는 어떤 동작이나 행위에 착오가 있음을 나타낸다.

看错了
kàn cuò le
ㅣ잘못 봤다

说错了
shuō cuò le
ㅣ잘못 말했다

做错了
zuò cuò le
ㅣ잘못 했다

听错了
tīng cuò le
ㅣ잘못 들었다

① 甲＿ 这个 字对不对?
Zhège zì duì bú duì?
ㅣ이 글자 맞아요?

乙＿ 你写错了。
Nǐ xiě cuò le.
ㅣ당신 잘못 썼어요.

② 甲＿ 请问, 方 雪芹 在吗?
Qǐngwèn, Fāng Xuěqín zài ma?
ㅣ실례지만, 팡쉐친 있어요?

乙＿ 这儿 没有 方 雪芹, 你打错了。
Zhèr méiyǒu Fāng Xuěqín, nǐ dǎ cuò le.
ㅣ여기 팡쉐친이라는 사람 없는데요, 잘못 거셨네요.

甲＿ 对不起。
Duìbuqǐ.
ㅣ죄송합니다.

3 서수의 표현법

예 在 第二个 路口 往 右 拐。
Zài dì èr ge lùkǒu wǎng yòu guǎi.
| 두 번째 교차로에서 우회전하세요.

중국어에서 서수를 표시하는 방법은 "第 + 수사(+ 양사)"의 형태로 아주 간단하다.

① 这 是我第三次 来 美国。
Zhè shì wǒ dì sān cì lái Měiguó.
| 나는 이번이 미국에 세 번째로 오는 것이다.

② 我 是我家的第二个孩子。
Wǒ shì wǒ jiā de dì èr ge háizi.
| 나는 우리집에서 (형제자매 중) 둘째이다.

③ 今天 我们 学习第十五课。
Jīntiān wǒmen xuéxí dì shíwǔ kè.
| 오늘 우리는 제 15과를 공부한다.

④ 您是 我们的第一个 中国 客人。
Nín shì wǒmen de dì yí ge Zhōngguó kèren.
| 당신은 우리의 첫 번째 중국인 고객입니다.

4 유감의 뜻을 전하는 방법

예 师傅，真 对不起，麻烦 您 了。
Shīfu, zhēn duìbuqǐ, máfan nín le.
| 아저씨, 번거롭게 해드려 정말 죄송해요.

다른 사람의 도움을 청해서 도움을 받은 후, 혹은 다른 사람에게 일을 시켜 폐를 끼쳤을 때, "麻烦你/您了"라고 해서 그 사람에 대한 미안함을 나타낼 수 있다. 어떤 때에는 미안함을 표시하는 이러한 방법을 써서 자신의 고마움을 나타내기도 한다. 이 경우 보통 "没关系(괜찮아요)"라고 말을 써서 상대의 말에 대답한다.

 본문해설

① 甲 _ 麻烦 你 了。
　　　 Máfan nǐ le.
　　　 | 폐 많이 끼쳤습니다.

② 甲 _ 太 麻烦 您 了!
　　　 Tài máfan nín le!
　　　 | 당신을 너무 번거롭게 했네요.

乙 _ 没 关系，不 麻烦。
　　 Méi guānxi, bù máfan.
　　 | 괜찮아요, 폐는 무슨.

乙 _ 没 关系，不用 客气。
　　 Méi guānxi, bú yòng kèqi.
　　 | 괜찮아요. 별말씀을요.

5 没事儿

例 没 事儿。
　　 Méi shìr.
　　 | 괜찮아요.

"没事儿"는 '괜찮다, 별일 아니다'에 해당하는 것이다. 이것은 구어로서 아무 상황에서나 다른 사람이 당신에게 고마움이나 유감을 표시할 때 가볍고 편하게 대답할 수 있는 말이다.

① 甲 _ 对不起!
　　　 duìbuqǐ!
　　　 | 죄송합니다.

乙 _ 没 事儿。
　　 Méi shìr.
　　 | 괜찮아요.

② 甲 _ 谢谢，真 是 太 麻烦 你们 了。
　　　 Xièxie, zhēn shì tài máfan nǐmen le.
　　　 | 고마워요. 정말 여러분께 폐를 끼쳤어요.

乙 _ 没 事儿。
　　 Méi shìr.
　　 | 괜찮아요.

문형연습 ✳✳

1 보기와 같이 물음에 답하세요("往"을 이용).

┤ 보 기 ├

往　前走，在路口　往　左　拐。
Wǎng qián zǒu,　zài lùkǒu　wǎng zuǒ guǎi.
ㅣ앞으로 계속 가다가 교차로에서 좌회전하세요.

① 甲 _ 请 问，去 展览 中心 怎么 走？
Qǐngwèn, qù Zhǎnlǎn Zhōngxīn zěnme zǒu?

乙 _ 往　前走，到 路口 往 右 拐。
Wǎng qián zǒu,　dào lùkǒu wǎng yòu guǎi.

问 _ 去 展览 中心 怎么 走？
Qù Zhǎnlǎn Zhōngxīn zěnme zǒu?

学生 _____ 。

② 甲 _ 请 问，到 动物园 怎么 走？
Qǐngwèn, dào dòngwùyuán zěnme zǒu?

乙 _ 往　那边 走，到 路口 往 左 拐。
Wǎng nèibian zǒu, dào lùkǒu wǎng zuǒ guǎi.

问 _ 到 动物园 怎么 走？
Dào dòngwùyuán zěnme zǒu?

学生 _____ 。

③ 甲 _ 请 问，去 中国 银行 怎么 走？
Qǐngwèn, qù Zhōngguó Yínháng zěnme zǒu?

乙 _ 一直 往 东 走。
Yìzhí wǎng dōng zǒu.

问 _ 去 中国 银行 怎么 走？
Qù Zhōngguó Yínháng zěnme zǒu?

学生 _____ 。

④ 甲 _ 请 问，去 天安门 怎么 走？
Qǐngwèn, qù Tiān'ānmén zěnme zǒu?

乙 _ 往 西 走 三四百 米 就 是。
Wǎng xī zǒu sānsìbǎi mǐ jiù shì.

问 _ 去 天安门 怎么 走？
Qù Tiān'ānmén zěnme zǒu?

学生 _____ 。

보충단어

● 展览
[zhǎnlǎn]
전람, 전시

● 动物园
[dòngwùyuán]
동물원

● 一直
[yìzhí]
계속, 줄곧

● 米
[mǐ]
미터(meter)

ㅣ고유명사ㅣ

● 中国银行
[Zhōngguó Yínháng]
중국은행

● 天安门
[Tiān'ānmén]
천안문

 문형연습

2 보기와 같이 물음에 답하세요("동사 + 错"을 이용).

┤보기├

好像　走错了。
Hǎoxiàng zǒu cuò le.
│잘못 온 것 같다.

① 女 _ **我说错了。**
Wǒ shuō cuò le.

问 _ **她说 什么?**
Tā shuō shénme?

学生_ **她说** _____ 。
Tā shuō_____ .

② 男 _ **我听错了。**
Wǒ tīng cuò le.

问 _ **他说 什么?**
Tā shuō shénme?

学生_ **他说** _____ 。
Tā shuō _____ .

③ 女 _ **我看错了。**
Wǒ kàn cuò le.

问 _ **她说 什么?**
Tā shuō shénme?

学生_ **她说** _____ 。
Tā shuō_____ .

④ 男 _ **我写错了。**
Wǒ xiě cuò le.

问 _ **他说 什么?**
Tā shuō shénme?

学生_ **他说** _____ 。
Tā shuō_____ .

十一 我哥来信了
Wǒ Gē Lái Xìn Le
오빠가 편지를 보내왔어요

새단어

信	[xìn]	편지
才	[cái]	겨우, 이제야
搬家	[bānjiā]	이사하다
搬	[bān]	옮기다
房东	[fángdōng]	집주인
对	[duì]	~에 대해
戒烟	[jièyān]	금연하다
戒	[jiè]	끊다
年轻人	[niánqīngrén]	젊은이
身体	[shēntǐ]	신체, 건강
坏处	[huàichu]	해, 단점
对……有坏处	[duì … yǒu huàichu]	~에 해롭다
老年人	[lǎoniánrén]	노인
好处	[hǎochu]	좋은 점, 이익
对……有好处	[duì … yǒu hǎochu]	~에 이롭다
可是	[kěshì]	하지만
有的	[yǒude]	어떤
办法	[bànfǎ]	방법
那么	[nàme]	그럼, 그렇게

회화

쉐친의 오빠가 외국에서 일하고 있는데 그가 집으로 편지를 보내왔다. 우리 쉐친의 집에서 그의 편지를 받은 후에 그에 대해 어떻게 이야기를 나누는지 살펴보자.

(팡쉐친은 퇴근하여 집으로 돌아왔고 어머니가 부엌에서 밥을 짓고 있다. 아버지는 신문을 보고 있다)

方雪芹 _ 爸、妈，我哥来信了。
Bà、mā, wǒ gē lái xìn le.

方 母 _ 怎么 才来信?
Zěnme cái lái xìn?

方雪芹 _ 他最近搬家了。
Tā zuìjìn bānjiā le.

(아버지가 쉐친이 준 편지를 읽는다)

方 母 _ 他说 什么了?
Tā shuō shénme le?

方 父 _ 他说，他的新房东 对他很好。
Tā shuō, tā de xīn fángdōng duì tā hěn hǎo.

方雪芹 _ 他戒烟了。
Tā jièyān le.

方 父 _ 好! 年轻人不应该抽烟， 抽烟对身体有坏处。
Hǎo! Niánqīngrén bù yīnggāi chōuyān, chōuyān duì shēntǐ yǒu huàichu.

(아버지의 손에 있는 담배를 가리키며 불만스럽게)

方 母 _ 抽烟 对老年人的 身体有好处，是不是?
Chōuyān duì lǎoniánrén de shēntǐ yǒu hǎochu, shì bú shì?

方 父 _ (웃으며) 不是，不是，我知道 没好处。
Bú shì, bú shì, wǒ zhīdao méi hǎochu.

(담배를 눌러 끄며)

可是有的时候特别 想抽，没办法。
Kěshì yǒude shíhou tèbié xiǎng chōu, méi bànfǎ.

본문해설 ******

I **怎么를 이용하여 이유묻기**

예 **怎么 才 来 信?**
Zěnme cái lái xìn?
| 어째서 이제야 편지를 하는 거야?

"怎么"의 여기에서 의미와 용법은 "为什么"에 해당한다. 이유나 원인을 물을 때 사용한다.

① 甲＿ **你 怎么 不 吃 饺子?**
Nǐ zěnme bù chī jiǎozi?
| 당신 어째서 만두를 먹지 않는 거죠?

乙＿ **我 不 喜欢 吃 饺子。**
Wǒ bù xǐhuan chī jiǎozi.
| 나는 만두를 좋아하지 않아요.

② 甲＿ **你 怎么 穿 这 件 衣服? 这 件 衣服 不 好看。**
Nǐ zěnme chuān zhèi jiàn yīfu? Zhèi jiàn yīfu bù hǎokàn.
| 당신 어째서 이 옷을 입는 거죠? 이 옷은 예쁘지 않아요.

乙＿ **我 没有 别的 衣服。**
Wǒ méiyǒu bié de yīfu.
| 나는 다른 옷이 없어요.

2 **부사 才**

예 **怎么 才 来 信?**
Zěnme cái lái xìn?
| 어째서 이제야 편지를 하는 거야?

"才"는 부사이며, "就 + 동사"와 정반대이다. "才 + 동사"는 일의 발생 혹은 완료가 늦음을 나타내며 앞에는 항상 시간명사가 온다. 이 때 "才"는 약하게 읽고 시간명사는 강하게 읽어야 한다.

① 甲＿ **你 怎么 才 来?**
Nǐ zěnme cái lái?
| 당신 어째서 이제야 오는 거죠?

乙＿ **对不起。今天 早上 起 晚 了, 九点 才 起床。**
Duìbuqǐ. Jīntiān zǎoshang qǐ wǎn le, jiǔ diǎn cái qǐchuáng.
| 미안해요. 오늘 아침에 늦게 일어났어요. 9시에 겨우 일어났어요.

② 甲＿ 我 昨天 晚上 两 点 才 睡觉。
Wǒ zuótiān wǎnshang liǎng diǎn cái shuìjiào.
| 나는 어젯밤 2시에야 겨우 잠을 잤어요.

乙＿ 怎么 那么 晚 才 睡?
Zěnme nàme wǎn cái shuì?
| 어째서 그렇게 늦게 잠에 들었죠?

甲＿ 昨天 晚上 我 喝茶 喝得太 多了。
Zuótiān wǎnshang wǒ hē chá hē de tài duō le.
| 어제 저녁에 차를 너무 많이 마셨어요.

3 개사 对

⒝ 他的新 房东 对他很 好。
Tā de xīn fángdōng duì tā hěn hǎo.
| 그의 새 집주인이 그에게 아주 잘 해준데요.

"A + 对 + B + 很好"에서 "对"는 개사이며 '~에게, ~에 대해'의 뜻이다.

① 甲＿ 你的老师 对 你们 怎么样?
Nǐ de lǎoshī duì nǐmen zěnmeyàng?
| 선생님은 여러분에게 어떠시죠?

乙＿ 他 对 我们 很 好。
Tā duì wǒmen hěn hǎo.
| 그는 우리에게 아주 잘 해주세요.

甲＿ 你们 对 他 呢?
Nǐmen duì tā ne?
| 여러분은 그에게 어떻죠?

乙＿ 我们 对他 也很好。
Wǒmen duì tā yě hěn hǎo.
| 우리도 그에게 잘 해줍니다.

② 甲＿ 你 怎么 对她 那么 不 客气?
Nǐ zěnme duì tā nàme bú kèqi?
| 당신은 어째서 그녀에게 그렇게 무례하죠?

乙_ 我 讨厌 她。
Wǒ tǎoyàn tā.
ㅣ 나는 그녀가 싫어요.

③ 运动 对人 有 好处。
Yùndòng duì rén yǒu hǎochu.
ㅣ 운동은 사람에게 이롭다.

④ 茶 喝 得 太 多 对人有 坏处。
Chá hē de tài duō duì rén yǒu huàichu.
ㅣ 차를 너무 많이 마시는 것은 사람에게 좋지 않다.

⑤ 甲_ 喝酒 对你的身体 有 坏处。
Hējiǔ duì nǐ de shēntǐ yǒu huàichu.
ㅣ 술을 마시면 당신 건강에 해로워요.

乙_ 喝酒 对人 也有 好处。
Hējiǔ duì rén yě yǒu hǎochu.
ㅣ 음주가 사람에게 좋은 점도 있어요.

甲_ 抽烟、 喝酒 对你 都 没有 好处。
Chōuyān、 hējiǔ duì nǐ dōu méiyǒu hǎochu.
ㅣ 흡연과 음주는 모두 당신에게 해로워요.

4 대명사 有的

예 可是 有的 时候 特别 想 抽。
Kěshì yǒude shíhou tèbié xiǎng chōu.
ㅣ 하지만 때로는 아주 피고 싶어요.

"有的时候"는 "有时候"라고도 할 수 있으며 '때때로, 가끔'의 뜻이다.

① 甲_ 你 经常 喝酒 吗?
Nǐ jīngcháng hējiǔ ma?
ㅣ 당신 자주 술을 마시나요?

乙_ 不 经常 喝, 有的 时候 喝 一点儿。
Bù jīngcháng hē, yǒude shíhou hē yìdiǎnr.
ㅣ 자주 마시지는 않아요. 때때로 좀 마셔요.

 본문해설

"有的(+ 명사)…, 有的(+ 명사)…"를 사용하여 '때로는~하고, 때로는~하다'의 의미를 나타낼 수 있다.
앞에 나온 문장으로 가리키는 사물을 알 수 있다면 명사는 생략할 수 있다.

② 甲 _ 你们 都 学 汉语 吗?
Nǐmen dōu xué Hànyǔ ma?
| 여러분은 모두 중국어를 배우나요?

乙 _ 有的 (人) 学 汉语, 有的 (人) 学 日语。
Yǒude (rén) xué Hànyǔ, yǒude (rén) xué Rìyǔ.
| 어떤 사람은 중국어를 배우고 어떤 사람은 일본어를 배워요.

③ 甲 _ 这些 书 你 都 看过 吗?
Zhèxiē shū nǐ dōu kànguo ma?
| 당신은 이런 책들을 모두 읽었나요?

乙 _ 有的 (书) 看过, 有的 (书) 没 看过。
Yǒude (shū) kànguo, yǒude (shū) méi kànguo.
| 어떤 책은 읽었고 어떤 책은 읽지 않았어요.

④ 甲 _ 广东菜 你 都 喜欢 吃 吗?
Guǎngdōngcài nǐ dōu xǐhuan chī ma?
| 당신 광동요리를 좋아하시나요?

乙 _ 有的 (菜) 喜欢, 有的 (菜) 不 喜欢。
Yǒude (cài) xǐhuan, yǒude (cài) bù xǐhuan.
| 어떤 요리는 좋아하고 어떤 요리는 좋아하지 않아요.

 문형연습

1 보기와 같이 문장을 완성하세요("才"를 이용).

┤보기├

怎么 才 来信?
Zěnme cái lái xìn?
│ 어째서 이제야 편지를 하는 거죠?

① 甲 ＿ 我 昨天 晚上 十二 点 才睡。
　　　　Wǒ zuótiān wǎnshang shí'èr diǎn cái shuì.

　 问 ＿ 他 昨天 晚上 几点 睡 的?
　　　　Tā zuótiān wǎnshang jǐ diǎn shuì de?

　 学生 ＿＿＿＿＿＿＿＿＿＿＿＿＿。

② 甲 ＿ 我 今天 才 听说 这 件 事。
　　　　Wǒ jīntiān cái tīngshuō zhè jiàn shì.

　 问 ＿ 她 什么 时候 听说 的 这 件 事?
　　　　Tā shénme shíhou tīngshuō de zhè jiàn shì?

　 学生 ＿＿＿＿＿＿＿＿＿＿＿＿＿。

③ 甲 ＿ 我 才 知道 她 的 中文 名字。
　　　　Wǒ cái zhīdao tā de Zhōngwén míngzi.

　 问 ＿ 他 才 知道 什么?
　　　　Tā cái zhīdao shénme?

　 学生 ＿＿＿＿＿＿＿＿＿＿＿＿＿。

④ 甲 ＿ 我 听 了 四 遍 才 听 明白。
　　　　Wǒ tīng le sì biàn cái tīng míngbai.

　 问 ＿ 她 听 了 几 遍 才 听 明白 的?
　　　　Tā tīng le jǐ biàn cái tīng míngbai de?

　 学生 ＿＿＿＿＿＿＿＿＿＿＿＿＿。

보충단어

● 听说
[tīngshuō]
남의 말을 듣다

● 遍
[biàn]
번, 회, 차례

● 明白
[míngbai]
분명하다

문형연습 ✳✳

2 보기와 같이 물음에 답하세요("对 + 사람/사물 + 怎么样"을 이용).

┤보기├

他 的 新 房东　对 他 很 好。
Tā de xīn fángdōng duì tā　hěn hǎo.

|그의 새 집주인은 그에게 아주 잘 해준다.

抽烟　　对 身体 有 坏处。
Chōuyān duì shēntǐ yǒu huàichu.

|흡연은 건강에 좋지 않다.

① 甲 _ 我 的 新 邻居 对 我 很 友好。
　 Wǒ de xīn　línjū　duì wǒ hěn yǒuhǎo.

问 _ 她 的 新 邻居 对 她 友好 不 友好?
　 Tā de xīn　línjū　duì tā yǒuhǎo bù yǒuhǎo?

学生 _____ 。

② 甲 _ 我 的 老板 对 我 不 好。
　 Wǒ de lǎobǎn duì　wǒ bù　hǎo.

问 _ 谁　对 他 不 好?
　 Shéi duì　tā bù hǎo?

学生 _____ 。

③ 甲 _ 我 的 房东　对 留学生　很 友好。
　 Wǒ de fángdōng duì liúxuéshēng hěn yǒuhǎo.

问 _ 她 的 房东　对 谁 很 友好?
　 Tā de fángdōng duì shéi hěn yǒuhǎo?

学生 _____ 。

④ 甲 _ 我 哥哥 对 欧洲　文化 很 有 兴趣。
　 Wǒ gēge duì Ōuzhōu wénhuà hěn yǒu xìngqù.

问 _ 他 哥哥 对 什么　很 有 兴趣?
　 Tā gēge duì shénme hěn yǒu xìngqù?

学生 _____ 。

보충단어

- 邻居
  [línjū]
  이웃

- 老板
  [lǎobǎn]
  사장, 주인

- 留学生
  [liúxuéshēng]
  유학생

- 文化
  [wénhuà]
  문화

- 兴趣
  [xìngqù]
  흥미, 관심

|고유명사|

- 中文
  [Zhōngwén]
  중국어

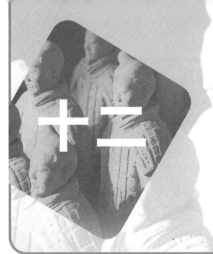

十二 他参观了很多名胜古迹
Tā Cānguānle Hěn Duō Míngshèng gǔjì
그는 많은 명승지를 참관했다

参观	[cānguān]	참관하다
生活	[shēnghuó]	생활, 생활하다
养成……的习惯	[yǎngchéng … de xíguàn]	어떠한 습관을 들이다
养成	[yǎngchéng]	기르다, 키우다
早睡早起	[zǎoshuì zǎoqǐ]	일찍 자고 일찍 일어나다
除了……以外	[chúle … yǐwài]	~을 제외하고
奶酪	[nǎilào]	치즈
不少	[bùshǎo]	적지 않다, 많다
友好	[yǒuhǎo]	우호적이다, 친절하다
常常	[chángcháng]	항상, 자주
帮	[bāng]	돕다
南部	[nánbù]	남부
国家	[guójiā]	국가
名胜古迹	[míngshèng gǔjì]	명승지, 유적지
想	[xiǎng]	그리워하다
狗	[gǒu]	개

회화

우리는 팡쉐친의 오빠가 가족들에게 편지한 사실을 알고 있다. 그가 유럽에서 어떻게 지낼까? 우리 쉐친과 아버지가 어머니에게 오빠의 일을 어떻게 전달하는지 살펴보자.

方雪芹 ＿ 我 哥 说，他 已经 习惯 了 那儿 的 生活 了。
Wǒ gē shuō, tā yǐjīng xíguàn le nàr de shēnghuó le.

方 父 ＿ 还 养成 了 早睡 早起 的 好 习惯。
Hái yǎngchéng le zǎoshuì zǎoqǐ de hǎo xíguàn.

方 母 ＿ 他 习惯 不 习惯 那儿 的 饭菜？
Tā xíguàn bù xíguàn nàr de fàncài?

方雪芹 ＿ 除了 奶酪 以外，别的 他 都 挺 喜欢 吃。
Chúle nǎilào yǐwài, biéde tā dōu tǐng xǐhuan chī.

方 父 ＿ 他 说，他 认识 了 不少 朋友……
Tā shuō, tā rènshi le bùshǎo péngyou…

方雪芹 ＿ 他们 对 他 很 友好，常常 帮 他。
Tāmen duì tā hěn yǒuhǎo, chángcháng bāng tā.

方 父 ＿ 上 个 月 他 去 了 欧洲 南部 的 几 个 国家。
Shàng ge yuè tā qù le Ōuzhōu nánbù de jǐ ge guójiā.

方雪芹 ＿ 他 参观 了 很 多 名胜古迹。
Tā cānguān le hěn duō míngshèng gǔjì.

方 母 ＿ 他 还 说 了 什么？
Tā hái shuō le shénme?

方 父 ＿ 他 说 他 想 家。
Tā shuō tā xiǎng jiā.

方雪芹 ＿ (장난스럽게) 他 特别 想 妈妈……
Tā tèbié xiǎng māma…

想 吃 妈妈 做 的 菜，他 饿 了。
xiǎng chī māma zuò de cài, tā è le.

본문해설 **

I 동작의 완성을 나타내는 동사 + 了

예 他 已经 习惯 了 那儿 的 生活 了。
Tā yǐjīng xíguàn le nàr de shēnghuó le.
ㅣ그는 이미 그 곳 생활에 습관이 되었다.

"동사 + 了"는 동작의 완성을 나타낸다. 중국어의 동사는 자형의 변화가 없기 때문에 동사 뒤에 "了"
를 더하여 동작의 완성을 표현한다.

┃동사 + 了 (+ 빈어)

① 我 吃 了 半 斤 饺子。
Wǒ chī le bàn jīn jiǎozi.
ㅣ나는 만두 반 근을 먹었다.

② 她 打 了 一 个 电话。
Tā dǎ le yí ge diànhuà.
ㅣ그녀는 전화를 한 번 했다.

③ 妈妈 剪 了 头发 更 漂亮。
Māma jiǎn le tóufa gèng piàoliang.
ㅣ어머니가 커트를 해서 더 예뻐졌다.

④ 明天 下 了 课，我 就 去 找 你。
Míngtiān xià le kè, wǒ jiù qù zhǎo nǐ.
ㅣ내일 수업을 마치고 내가 바로 너를 찾아갈 거다.

"동사 + 了"에 "没有/没"를 사용하여 부정을 나타낸다. "没(有) + 동사(+ 빈어)"로 부정형을 만든다.
"有"는 생략이 가능하다.

① 我 没(有) 吃 饺子。
Wǒ méi(yǒu) chī jiǎozi.
ㅣ나는 만두를 먹지 않았다.

② 她 没(有) 打 电话。
Tā méi(yǒu) dǎ diànhuà.
ㅣ그녀는 전화를 하지 않았다.

③ 妈妈 没 剪 头发 的 时候 更 漂亮。
Māma méi jiǎn tóufa de shíhou gèng piàoliang.
ㅣ어머니는 커트를 하지 않았을 때 더 예쁘다.

본문해설

의문형은 일반적으로 "동사(+ 빈어) + 了 + 没有?" 혹은 "동사 (+ 목적어) + 了 + 吗?"의 형태를 취한다.

① 你 吃 饺子 了 没有?
Nǐ chī jiǎozi le méiyǒu?
| 당신 만두 먹었어요?

或: 你 吃 饺子 了 吗?
Nǐ chī jiǎozi le ma?

② 她 打 电话 了 没有?
Tā dǎ diànhuà le méi(yǒu)?
| 그녀는 전화를 했나요?

或: 她 打 电话 了 吗?
Tā dǎ diànhuà le ma?

③ 妈妈 剪 头发 了 没有?
Māma jiǎn tóufa le méiyǒu?
| 어머니는 머리를 잘랐나요?

或: 妈妈 剪 头发 了 吗?
Māma jiǎn tóufa le ma?

문장의 끝에 쓰이는 "了"는 긍정의 어기를 나타낸다. 일의 상태에 변화가 있거나 활동이 이미 완성되었음을 긍정한다. 문장의 끝에 "了"는 활동이 이미 완성되었다는 것을 나타낼 때는 동사 뒤에 "了"는 생략할 수 있다.

> 동사+ （了） + 빈어+了

① 我 吃(了) 饺子 了。
Wǒ chī (le) jiǎozi le.
| 나는 만두를 먹었다.

② 她 打(了) 电话 了。
Tā dǎ (le) diànhuà le.
| 그녀는 전화를 걸었다.

③ 妈妈 剪 (了) 头发 了。
Māma jiǎn (le) tóufa le.
| 어머니는 머리를 잘랐다.

2 除了…… （以外），……

除了 奶酪 以外， 别的 他 都 挺 喜欢 吃。
Chúle nǎilào yǐwài, biéde tā dōu tǐng xǐhuan chī.
| 그는 치즈를 제외하고 다른 것은 다 잘 먹는다.

"除了…… (以外), 别的都……"는 '～을 제외하고 다른 것은 모두 ～이다'의 뜻이다. 여기에서는 말한 것을 포함시키지 않음을 나타낸다. 그래서 후반부에서는 "都"와 호응하여 사용되는 경우가 많다. "以外"는 생략할 수 있다.

① 甲 _ 你 什么 时候 有 空?
　　　　Nǐ shénme shíhou yǒu kòng?
　　　　| 당신은 언제 시간이 있지요?

　　乙 _ 除了 周末, 别的 时间 我 都 没 空。
　　　　Chúle zhōumò, biéde shíjiān wǒ dōu méi kòng.
　　　　| 주말을 제외하고는 시간이 없어요.

② 甲 _ 你 喜欢 什么 动物?
　　　　Nǐ xǐhuan shénme dòngwù?
　　　　| 당신은 무슨 동물을 좋아하시죠?

　　乙 _ 除了 狗 以外, 别的 动物 我 都 不 喜欢。
　　　　Chúle gǒu yǐwài, biéde dòngwù wǒ dōu bù xǐhuan.
　　　　| 나는 개를 제외하고 다른 동물은 다 좋아하지 않아요.

"除了…… (以外), ……"는 어떠한 상황에서 말한 것 외에 다른 것이 있음을 뜻한다. 후반부에 "还/也"와 호응하여 많이 사용된다.

① 我 除了 不 喜欢 吃 羊肉, 还 不 喜欢 吃 鸡肉。
　　Wǒ chúle bù xǐhuan chī yángròu, hái bù xǐhuan chī jīròu.
　　| 나는 양고기를 싫어하는 것 외에 닭고기도 좋아하지 않는다.

② 除了 狗, 我 也 挺 喜欢 兔子 的。
　　Chúle gǒu, wǒ yě tǐng xǐhuan tùzi de.
　　| 개 외에도 나는 토끼를 아주 좋아한다.

③ 除了 北京, 我 还 去过 天津、 上海 和 西安。
　　Chúle Běijīng, wǒ hái qùguo Tiānjīn、 Shànghǎi hé Xī'ān.
　　| 베이징을 제외하고도 나는 톈진, 상하이와 시안을 가 본 적이 있다.

3 대략적인 수를 나타내는 几

例 上　个月 他去了 欧洲　南部 的 几 个 国家。
　　Shàng ge yuè tā qù le Ōuzhōu nánbù de jǐ ge guójiā.
　　| 지난달에 그는 유럽 남부 몇몇 나라를 갔다.

"几"는 일정하지 않은 대략적인 수를 나타낸다. '여러, 몇몇'에 해당한다.

① 会议室 里 有 几 个 人。
　　Huìyìshì lǐ yǒu jǐ ge rén.
　　| 회의실에 몇 사람이 있다.

② 明天　咱们 几 个 人 去　香山　玩儿玩儿 吧。
　　Míngtiān zánmen jǐ ge rén qù Xiāngshān wánrwánr ba.
　　| 내일 우리 몇몇이서 향산으로 놀러 가자.

4 그리움의 표현

例 他 说 他 想 家。
　　Tā shuō tā xiǎng jiā.
　　| 그는 집이 그립다고 했다.

여기에서 "想"은 앞서 배운 "想"과 달리 '그리워하다'라는 의미로 사용되었다.

① 甲_ 你 回来 吧，我们 都 很　想 你。
　　　Nǐ huílai ba, wǒmen dōu hěn xiǎng nǐ.
　　　| 너 돌아와라. 우리는 모두 네가 그리워.

　　乙_ 我 也 想 你们。
　　　Wǒ yě xiǎng nǐmen.
　　　| 나도 너희들이 그리워.

② 甲_ 你 想 不 想 家?
　　　Nǐ xiǎng bù xiǎng jiā?
　　　| 당신은 집이 그립나요?

　　乙_ 想。 我 最 想 我 妈妈。
　　　Xiǎng. Wǒ zuì xiǎng wǒ māma.
　　　| 그리워요. 나는 어머니가 가장 그리워요.

문형연습

1 인칭대명사를 바꾸어 다시 말해보세요.

> ┤보 기├
>
> 他 已经 习惯 了 那儿的 生活 了。
> Tā yǐjīng xíguàn le nàr de shēnghuó le.
> │ 그는 이미 그 곳의 생활에 습관이 되었다.

① 甲 _ 你 认识 新 朋友 了 没有?
　　　Nǐ rènshi xīn péngyou le méiyǒu?

　 乙 _ 我 已经 认识 了 很 多 新 朋友 了。
　　　Wǒ yǐjīng rènshi le hěn duō xīn péngyou le.

　 学生 _ 她 ＿＿＿＿＿＿＿＿＿＿＿ 。
　　　　Tā＿＿＿＿＿＿＿＿＿＿＿ .

② 甲 _ 你 倒 垃圾 了 没有?
　　　Nǐ dào lājī le méiyǒu?

　 乙 _ 倒 了。我 早就 倒 了。
　　　Dào le. Wǒ zǎojiù dào le.

　 学生 _ 他 ＿＿＿＿＿＿＿＿＿ 。
　　　　Tā＿＿＿＿＿＿＿＿＿ .

③ 甲 _ 你 怎么 才 发现 这个 问题?
　　　Nǐ zěnme cái fāxiàn zhège wèntí?

　 乙 _ 我 早就 发现 了 这个 问题 了,
　　　Wǒ zǎojiù fāxiàn le zhège wèntí le,

　　　但是 没 办法。
　　　dànshì méi bànfǎ.

　 学生 _ 他 ＿＿＿＿＿＿＿＿＿＿＿＿ 。
　　　　Tā＿＿＿＿＿＿＿＿＿＿＿＿ .

④ 甲 _ 你们 的 问题 解决 了 没有?
　　　Nǐmen de wèntí jiějué le méiyǒu?

　 乙 _ 已经 解决 了。
　　　Yǐjīng jiějué le.

　 学生 _ 他们 ＿＿＿＿＿＿＿ 。
　　　　Tāmen＿＿＿＿＿＿＿ .

> **보충단어**
>
> ● 倒
> [dào]
> 붓다, 쏟다
>
> ● 垃圾
> [lājī]
> 쓰레기
>
> ● 发现
> [fāxiàn]
> 발견하다
>
> ● 解决
> [jiějué]
> 해결하다

문형연습 ✳✳

2 보기와 같이 물음에 답하세요("除了……(以外),别的都……"를 이용).

┤ 보 기 ├

除了 奶酪 以外, 别的 他 都 挺 喜欢 吃。
Chúle nǎilào yǐwài, biéde tā dōu tǐng xǐhuan chī.
│ 그는 치즈를 제외하고 다른 것은 다 잘 먹는다.

① 甲 _ 除了 学习 以外, 别的 我 都 喜欢 做。
Chúle xuéxí yǐwài, biéde wǒ dōu xǐhuan zuò.

问 _ 他 喜欢 做 什么?
Tā xǐhuan zuò shénme?

学生 _____ 。

② 甲 _ 除了 家里人 以外, 别的 人 我 都 不 认识。
Chúle jiālǐrén yǐwài, biéde rén wǒ dōu bú rènshi.

问 _ 她 认识 谁?
Tā rènshi shéi?

学生 _____ 。

③ 甲 _ 除了 周末, 别的 时间 我 都 工作。
Chúle zhōumò, biéde shíjiān wǒ dōu gōngzuò.

问 _ 他 什么 时间 工作?
Tā shénme shíjiān gōngzuò?

学生 _____ 。

④ 甲 _ 这 件 事 除了 我 以外, 别的 人 都 不 知道。
Zhè jiàn shì chúle wǒ yǐwài, biéde rén dōu bù zhīdao.

问 _ 这 件 事 谁 知道?
Zhè jiàn shì shéi zhīdao?

学生 _____ 。

보충단어

● 家里人
[jiālǐrén]
가족

● 工作
[gōngzuò]
일하다

十三 送什么礼物好呢?

Sòng Shénme Lǐwù Hǎo Ne?

무엇을 선물하면 좋을까?

● 要 …了	[yào … le]	(곧)~ 하려고 하다
● 结婚	[jiéhūn]	결혼
● 礼物	[lǐwù]	선물
● 送	[sòng]	보내다
● 什么都……	[shénme dōu…]	무엇이든
● 先	[xiān]	먼저, 우선
● 逛	[guàng]	돌아보다, 거닐다
● 钟	[zhōng]	시계
● 多	[duō]	많다
● 好玩儿	[hǎowánr]	재미있다
● 吉利	[jílì]	길하다

(가게 안. 리원룽과 팡쉐친이 누나에게 무슨 선물을 하면 좋을지 상의하고 있다)

李文龙 _ 下个月我姐姐要 结婚 了。
Xià ge yuè wǒ jiějie yào jiéhūn le.

方雪芹 _ 你给她买礼物了吗?
Nǐ gěi tā mǎi lǐwù le ma?

李文龙 _ 还 没有。你觉得 送 什么 礼物 好呢?
Hái méiyǒu. Nǐ juéde sòng shénme lǐwù hǎo ne?

方雪芹 _ 她喜欢 什么?
Tā xǐhuan shénme?

李文龙 _ 她 什么 都 喜欢。
Tā shénme dōu xǐhuan.

方雪芹 _ 那 咱们 先 逛逛 吧。
Nà zánmen xiān guàngguang ba.

(두 사람은 시계 진열대로 걸어 간다. 리원룽이 모양이 특이한 벽걸이시계를 발견하고)

李文龙 _ 你看那个 钟 样子多 好玩儿! (판매원에게) 小姐,
Nǐ kàn nèige zhōng yàngzi duō hǎowánr! Xiǎojie,

我 看看 那个 钟, 可以 吗?
wǒ kànkan nèige zhōng kěyǐ ma?

售货员 _ (하나를 가리키며)这个 吗?
Zhège ma?

李文龙 _ 不 是, 是 右边 的 那个。
Bú shì, shì yòubian de nèige.

(판매원이 시계를 가져온다)

方雪芹 ＿ 你 想 送 给 你姐姐 这个 钟 吗?
Nǐ xiǎng sòng gěi nǐ jiějie zhèige zhōng ma?

李文龙 ＿ 是 啊。
Shì a.

方雪芹 ＿ 送 礼物 不 能 送 钟。
Sòng lǐwù bù néng sòng zhōng.

李文龙 ＿ 为什么?
Wèishénme?

方雪芹 ＿ 送 钟 不 吉利。
Sòng zhōng bù jílì.

본문해설

I 要 …了

> 예 下个 月我姐姐要 结婚 了。
> Xià ge yuè wǒ jiějie yào jiéhūn le.
>
> | 다음달에 우리 누나가 결혼해요.

"要 + 동사 + 了"는 곧 발생하려는 일을 나타내며 뜻은 '～하려 하다, 곧 ～하다'에 해당한다. 또 "就要……了" 혹은 "快要……了"라 할 수도 있다.

① 商店　　就要 关 门 了。
　Shāngdiàn jiù yào guān mén le.

　| 상점이 곧 문을 닫으려고 한다.

② 他 要 从 欧洲 回来 了。
　Tā yào cóng Ōuzhōu huílai le.

　| 그는 곧 유럽에서 돌아온다.

③ 甲_ 还 远 吗?
　　Hái yuǎn ma?

　　| 아직도 멀었어요?

　乙_ 不远,　快 要 到 了。
　　Bù yuǎn, kuài yào dào le.

　　| 아니요, 곧 도착해요.

2 동사구 + 好

> 예 你 觉得 送　什么 礼物 好 呢?
> Nǐ juéde sòng shénme lǐwù hǎo ne?
>
> | 당신은 어떤 선물을 하는 것이 좋다고 생각하세요?

"동사구 + 好"는 '(～하는 것이) 낫다'는 뜻으로, 어떤 일을 하는 것이 나은지 선택을 나타내고 보통 비교나 사고를 통해 선택할 경우 사용한다. 의문형에서는 "好"앞의 동사구에 의문사를 쓴다. 그러나 대답하는 형식은 일정하지 않다.

① 咱们 的孩子 叫 什么 名字 好呢?
Zánmen de háizi jiào shénme míngzi hǎo ne?

| 우리 아이 이름을 무엇으로 하면 좋을까?

② 甲_ 去 什么 地方 玩儿 好?
Qù shénme dìfang wánr hǎo?

| 어디 가서 놀면 좋을까?

乙_ 去 逛 公园 吧。
Qù guàng gōngyuán ba.

| 공원에 산책하러 가자.

③ 甲_ 这 件 事 怎么 做 好?
Zhè jiàn shì zěnme zuò hǎo?

| 이 일은 어떻게 하면 좋을까?

乙_ 我 也 不 知道。
Wǒ yě bù zhīdao.

| 나도 모르겠어.

④ 甲_ 谁 去 做 这 件 事 最 好?
Shéi qù zuò zhè jiàn shì zuì hǎo?

| 누가 가서 이 일을 하는 것이 가장 좋을까?

乙_ 我 觉得 老 王 去 最 好。
Wǒ juéde Lǎo Wáng qù zuì hǎo.

| 내 생각엔 라오 왕이 가는 것이 가장 좋아.

3 什么都

예 她 什么 都 喜欢。
Tā shénme dōu xǐhuan.

| 그녀는 무엇이든 좋아한다.

"什么"는 '어떤, 어떤 것'에 해당하며 "什么都"는 '무엇이든, 어떤 것이든'의 뜻이다.

본문해설

| 什么 (＋명사) 都 ＋ (不.没) ＋ 동사

① 他 什么 (电影) 都 不 喜欢 看。
　Tā shénme (diànyǐng) dōu bù xǐhuan kàn.
　| 그녀는 어떤 영화도 좋아하지 않는다.

② 今天 早上， 我 什么 都 没 吃。
　Jīntiān zǎoshang, wǒ shénme dōu méi chī.
　| 오늘 아침에 나는 아무 것도 먹지 않았다.

③ 我 问 他 了，但是 他 什么 都 不 说。
　Wǒ wèn tā le, dànshì tā shénme dōu bù shuō.
　| 내가 그에게 물었지만 그는 아무 말도 하지 않았다.

다음의 것들도 위와 같은 형태이다.

① 谁 都……　　这 女孩 聪明、 漂亮 谁 都 喜欢 她。
　shéi dōu …　　Zhè nǚháir cōngming、piàoliang shéi dōu xǐhuan tā.
　| 누구든　　　이 여자 아이는 똑똑하고 예뻐서 누구나 다 좋아한다.

② 哪儿 都……　我 哪儿 都 想 去 看看。
　nǎr dōu …　　Wǒ nǎr dōu xiǎng qù kànkan.
　| 어디든　　　나는 어디든 다 가 보고 싶다.

③ 怎么 都……　他 怎么 都 不 愿意 去 运动。
　zěnme dōu …　　Tā zěnme dōu bú yuànyi qù yùndòng.
　| 어쨌든　　　그는 어쨌든 운동하러 가기 싫다.

4 접속사 那

　예 那 咱们 先 逛逛 吧。
　Nà zánmen xiān guàngguang ba.
　| 그럼 우리 먼저 둘러보자.

"那"는 앞문장에서 언급했거나 가정했던 것을 이어서 다음 문장의 결과나 판단을 이끌어낼 때 쓰인다.
'그러면'의 뜻이다. 발음은 항상 'na'이다.

① 甲 _ 今天 我 太 累 了。
Jīntiān wǒ tài lèi le.
| 오늘 나는 너무 피곤하다.

乙 _ 那 你 在 这儿 坐 一 会儿 吧。
Nà nǐ zài zhèr zuò yíhuìr ba.
| 그럼 당신 여기에 좀 앉으세요.

② 甲 _ 我 不 喜欢 看 电影。
Wǒ bù xǐhuan kàn diànyǐng.
| 나는 영화보는 것을 좋아하지 않아.

乙 _ 那 咱们 去 跳舞 吧。
Nà zánmen qù tiàowǔ ba.
| 그러면 우리 춤추러 가자.

5 부사 先

예 那 咱们 先 逛逛 吧。
Nà zánmen xiān guàngguang ba.
| 그럼 우리 먼저 둘러보자.

"先"은 시간의 순서에서 앞에 위치함을 나타내며, '잠시'라는 뜻으로 쓰이기도 한다.

① 你们 先 吃饭 吧, 不 用 等 我 了。
Nǐmen xiān chīfàn ba, bú yòng děng wǒ le.
| 당신들 먼저 식사하세요. 나를 기다릴 필요는 없어요.

② 我 先 走 了。再见!
Wǒ xiān zǒu le. Zàijiàn!
| 나 먼저 간다. 안녕!

③ 你 先 在 那儿 等 我, 一会儿 我 去 接 你。
Nǐ xiān zài nàr děng wǒ, yíhuìr wǒ qù jiē nǐ.
| 당신은 우선 거기에서 잠시 기다리세요. 이따가 내가 마중갈게요.

 본문해설

6 감탄을 나타내는 多 + 형용사

예 样子 多 好玩儿!
Yàngzi duō hǎowánr!
| 모양이 정말 재미있게 생겼다!

"**好玩儿**"은 '재미있다'라는 뜻이다. "**多 + 형용사**"는 감탄형으로 '얼마나'에 해당한다. 문미에 "**啊,呀,哪**" 등의 어기조사가 붙는다.

① 你们 看 , 颐和园 多 漂亮!
Nǐmen kàn, Yíhéyuán duō piàoliang!
| 여러분 보세요, 이화원이 너무 멋져요!

② 那个 小孩 多 好 玩儿 啊!
Nèige xiǎoháir duō hǎo wánr a!
| 저 꼬마 아이 정말 재미있는 걸!

③ 多 好 的 天气 啊! 咱们 出去 玩儿 吧!
Duō hǎo de tiānqì a! Zánmen chūqu wánr ba!
| 얼마나 좋은 날씨니! 우리 놀러 나가자.

문형연습 **✳✳**

1 보기와 같이 문장을 완성하세요("要……了/就要……了/快要……了"를 이용).

---| 보 기 |---

下 个 月 我 姐姐 要 结婚 了。
Xià ge yuè wǒ jiějie yào jiéhūn le.
| 다음 달에 우리 누나가 결혼해요.

---

① 甲 _ 圣诞节　快要 到 了。
　　Shèngdànjié kuài yào dào le.

　学生 _ 圣诞节 ＿＿＿＿＿＿ 。
　　Shèngdànjié＿＿＿＿＿＿.

② 甲 _ 我 女儿 就要　上　中学　了。
　　Wǒ nǚ'ér jiù yào shàng zhōngxué le.

　学生 _ 她 女儿＿＿＿＿＿＿＿＿＿ 。
　　Tā nǚ'ér＿＿＿＿＿＿＿＿＿.

③ 甲 _ 明天　我 就要 回　香港　了。
　　Míngtiān wǒ jiù yào huí Xiānggǎng le.

　学生 _ 明天　他 ＿＿＿＿＿＿＿ 。
　　Míngtiān tā ＿＿＿＿＿＿＿.

④ 甲 _ 我 太太 快 要　生 孩子 了。
　　Wǒ tàitai kuài yào shēng háizi le.

　学生 _ 他 太太＿＿＿＿＿＿＿ 。
　　Tā tàitai＿＿＿＿＿＿＿.

⑤ 甲 _ 要 开会 了，请 安静。
　　Yào kāihuì le, qǐng ānjìng.

　学生 _ ＿＿＿＿＿＿＿ ，请 安静。
　　＿＿＿＿＿＿＿, qǐng ānjìng.

보충단어

- **中学**
  [zhōngxué]
  중학교

- **太太**
  [tàitai]
  부인, 아내

- **生孩子**
  [shēngháizi]
  아이를 낳다

- **开会**
  [kāihuì]
  회의를 하다

  开
  [kāi]
  열다

  会
  [huì]
  회의

2 보기와 같이 문장을 완성하세요("什么(谁/哪儿)都……"를 이용).

┤보기├

她 什么 都 喜欢。
Tā shénme dōu xǐhuan.
│그녀는 무엇이든 좋아한다.

① 甲 _ 我 什么 事 都 不 愿意 做。
Wǒ shénme shì dōu bú yuànyi zuò.

乙 _ 你 真 懒。
Nǐ zhēn lǎn.

问 _ 他 说 他 愿意 做 什么?
Tā shuō tā yuànyi zuò shénme?

学生 _____ 。

② 甲 _ 我 谁 都 不怕。
Wǒ shéi dōu bú pà.

乙 _ 我 不 相信。
Wǒ bù xiāngxìn.

问 _ 她 说 她 怕 谁?
Tā shuō tā pà shéi?

学生 _____ 。

③ 甲 _ 我 哪儿 都 去过。
Wǒ nǎr dōu qùguo.

乙 _ 吹牛。
Chuīniú.

问 _ 他 说 他 去过 哪儿?
Tā shuō tā qùguo nǎr?

学生 _____ 。

④ 甲 _ 我 爸爸 什么 都 懂, 什么 都 会。
Wǒ bàba shénme dōu dǒng, shénme dōu huì.

乙 _ 你 爸爸 真 了不起!
Nǐ bàba zhēn liǎobuqǐ!

问 _ 为什么 说 她 爸爸 真 了不起?
Wèishénme shuō tā bàba zhēn liǎobuqǐ?

学生 _____ 。

보충단어

● 懒
[lǎn]
게으르다

● 怕
[pà]
두렵다, 겁나다

● 相信
[xiāngxìn]
믿다

● 吹牛
[chuīniú]
허풍을 떨다

● 了不起
[liǎobuqǐ]
대단하다

3 보기와 같이 문장을 완성하세요("동사구 + 好" 를 이용).

┤보기├

你 觉得 送 什么 礼物 好 呢?
Nǐ juéde sòng shénme lǐwù hǎo ne?
| 당신은 어떤 선물을 하는 게 좋다고 생각하세요?

① 甲 _ 去 逛 公园 吧。
　　　 Qù guàng gōngyuán ba.

　　 乙 _ 好, 去 哪儿 好?
　　　 Hǎo, qù nǎr hǎo?

　　 甲 _ 去 北海 公园 吧。
　　　 Qù Běihǎi Gōngyuán ba.

　　 问 _ 他 觉得 去 哪儿 好?
　　　 Tā juéde qù nǎr hǎo?

　　 学生 _____。

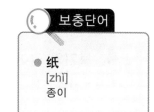

보충단어

● 纸
[zhǐ]
종이

② 甲 _ 用 什么 颜色 的 纸 包 礼物 好 呢?
　　　 Yòng shénme yánsè de zhǐ bāo lǐwù hǎo ne?

　　 乙 _ 用 红色 的 好。
　　　 Yòng hóngsè de hǎo.

　　 问 _ 她 觉得 用 什么 颜色 的 纸 包 礼物 好?
　　　 Tā juéde yòng shénme yánsè de zhǐ bāo lǐwù hǎo?

　　 学生 _____ 。

③ 甲 _ 咱们 从 哪 条 路 走 好?
　　　 Zánmen cóng nǎ tiáo lù zǒu hǎo?

　　 乙 _ 从 四环路 走 好, 四环路 车 不 多。
　　　 Cóng Sìhuánlù zǒu hǎo, Sìhuánlù chē bù duō.

　　 问 _ 她 觉得 从 哪 条 路 走 好?
　　　 Tā juéde cóng nǎ tiáo lù zǒu hǎo?

　　 学生 _____ 。

문형연습

④ 甲 _ 这 件 事 我 是 告诉 她 好，还是 不 告诉 她 好?
　　　Zhèi jiàn shì wǒ shì gàosu tā hǎo, háishi bú gàosu tā hǎo?

乙 _ 不 告诉 她 好。
　　Bú gàosu tā hǎo.

问 _ 他 觉得 这 件 事 告诉 她 好 还是 不 告诉 她 好?
　　Tā juéde zhèi jiàn shì gàosu tā hǎo háishi bú gàosu tā hǎo?

学生 _____ 。

4 보기와 같이 문장을 완성하세요("多 + 형용사 + 啊／哪！"를 이용).

> **│ 보 기 │**
>
> 你 看 那个 钟， 样子 多 好玩儿。
> Nǐ kàn nèige zhōng, yàngzi duō hǎowánr.
> │ 당신 저 시계를 좀 봐요. 모양이 정말 재미있네요.

① 甲 _ 你 看，这 束 花儿 多 漂亮。
　　　Nǐ kàn, zhè shù huār duō piàoliang.

学生 _____ 啊!
　　　_____ a!

② 甲 _ 你 听，这 首 歌 多 好听。
　　　Nǐ tīng, zhè shǒu gē duō hǎotīng.

学生 _____ 啊!
　　　_____ a!

③ 甲 _ 咱们 去 逛 商场 吧。
　　　Zánmen qù guàng shāngchǎng ba.

乙 _ 又 要 去 逛 商场， 多 没 意思 啊!
　　Yòu yào qù guàng shāngchǎng, duō méi yìsi a!

学生 _____ 啊!
　　　_____ a!

보충단어

● 束
[shù]
송이(꽃을 셀 때 쓰
는 단위)

● 首
[shǒu]
곡 (노래를 셀 때 쓰
는 단위)

● 又
[yòu]
또, 다시

116

十四 请你给我包一下
Qǐng Nǐ Gěi Wǒ Bāo Yíxià
포장 좀 해주세요

古典	[gǔdiǎn]	고전
流行	[liúxíng]	유행하다
更	[gèng]	더욱
套	[tào]	세트(제도, 방법, 동작 등의 체계를 이루고 있는 것을 세는 단위)
光盘	[guāngpán]	VCD, 광 디스크
主意	[zhǔyi]	생각, 아이디어, 의견
一定	[yídìng]	반드시
满意	[mǎnyì]	만족, 만족하다
包	[bāo]	싸다, 포장하다
别人	[biéren]	다른 사람, 타인, 남
家具	[jiājù]	가구

회화

**

사람이나 사물에 대한 긍정적인 표현을 어떻게 할까? 어떻게 판매원에게 포장해 달라고 부탁할 것인가?
팡쉐친과 리원롱이 선물 사는 모습을 살펴보자.

(팡쉐친과 리원롱이 책과 음반을 파는 상점으로 들어간다)

方雪芹 _ 你 姐姐 喜欢 听 音乐 吗?
Nǐ jiějie xǐhuan tīng yīnyuè ma?

李文龙 _ 喜欢。
Xǐhuan.

方雪芹 _ 她 喜欢 听 古典 音乐 还是 流行 音乐?
Tā xǐhuan tīng gǔdiǎn yīnyuè háishi liúxíng yīnyuè?

李文龙 _ 都 喜欢。不过 我 觉得,她 更 喜欢 古典 音乐。
Dōu xǐhuan. Búguò wǒ juéde, tā gèng xǐhuan gǔdiǎn yīnyuè.

方雪芹 _ 那 送 她 一 套 音乐 光盘 吧,古典 音乐 的。
Nà sòng tā yí tào yīnyuè guāngpán ba, gǔdiǎn yīnyuè de.

李文龙 _ 嗯,好 主意。
Ng, hǎo zhǔyi.

方雪芹 _ (VCD 한 세트를 들고) 你 看 这 套 光盘 怎么样?
Nǐ kàn zhèi tào guāngpán zěnmeyàng?

李文龙 _ (보고 나서) 嗯,不错,我 觉得 她 一定 很 满意。
Ng, búcuò, wǒ juéde tā yídìng hěn mǎnyì.

(두 사람은 계산대 앞으로 걸어간다)

李文龙 _ 小姐,我 要 这 套 光盘。
Xiǎojie, wǒ yào zhè tào guāngpán.

服务员 _ 好 的。您 要 包 一下 吗?
Hǎo de. Nín yào bāo yíxià ma?

李文龙 _ 请 你 给 我 包 一下,
Qǐng nǐ gěi wǒ bāo yíxià,

这 是 我 送 给 别人 的 结婚 礼物。
zhè shì wǒ sòng gěi biéren de jiéhūn lǐwù.

服务员 _ 好 的。
Hǎo de.

본문해설

1 부사 更

> 例 不过 我 觉得, 她 更 喜欢 古典 音乐。
> Búguò wǒ juéde, tā gèng xǐhuan gǔdiǎn yīnyuè.
> | 하지만 나는 그녀가 클래식 음악을 더 좋아한다고 생각해요.

"更"은 '더욱, 한층 더'의 뜻으로 비교와 증가정도를 나타낸다.

① 我 喜欢 打 乒乓球, 更 喜欢 打 篮球。
Wǒ xǐhuan dǎ pīngpāngqiú, gèng xǐhuan dǎ lánqiú.
| 나는 탁구를 좋아하지만 농구를 더 좋아한다.

② 穿 了新衣服, 她 更 漂亮 了。
Chuān le xīn yīfu, tā gèng piàoliang le.
| 새 옷을 입자 그녀는 더 예뻐졌다.

③ 来 中国 以后, 他 的 汉语 更 好 了。
Lái Zhōngguó yǐhòu, tā de Hànyǔ gèng hǎo le.
| 중국에 온 이후 그녀의 중국어는 더 좋아졌다.

2 你看……? 으로 상대의 의견묻기

> 例 你看 这 套 光盘 怎么样?
> Nǐ kàn zhèi tào guāngpán zěnmeyàng?
> | 이 VCD 세트 어떠니?

"看"은 여기에서 "觉得"와 비슷하고 '생각하다'라는 의미이다. "你看……? "은 상대방의 의견을 구할 때 쓰고 "我看"은 자신의 의견을 표현할 때 쓴다.

① 甲＿ 小 龙 要 上 大学 了, 你看 咱们 送 他 什么 礼物 好?
Xiǎo Lóng yào shàng dàxué le, nǐ kàn zánmen sòng tā shénme lǐwù hǎo?
| 샤오롱이 곧 대학에 가는데 우리 그에게 무슨 선물을 하면 좋을까?

乙＿ 送 他 一 个 录音机 吧。
Sòng tā yí ge lùyīnjī ba.
| 그에게 녹음기를 선물하자.

② 甲＿ 这 真 是 一 个 麻烦 的 问题。
Zhè zhēn shì yí ge máfan de wèntí.
| 이거 정말 골치 아픈 문제다.

乙_ 是 啊, 我 看 谁 也 没有 办法 解决 这个 问题。
Shì a, wǒ kàn shéi yě méiyǒu bànfǎ jiějué zhèige wèntí.
| 그래, 내가 보기엔 누구도 이 문제를 해결할 방법이 없을 거야.

③ 甲_ 你看 这 套 衣服的 样子 怎么样?
Nǐ kàn zhèi tào yīfu de yàngzi zěnmeyàng?
| 이 옷 스타일이 어때?

乙_ 我 看 挺 漂亮。 你 觉得 呢?
Wǒ kàn tǐng piàoliang. Nǐ juéde ne?
| 내가 보기엔 아주 예뻐. 너는 어떠니?

甲_ 我 也 觉得 挺 不错 的。
Wǒ yě juéde tǐng búcuò de.
| 나도 아주 괜찮다고 생각해.

3 판단

⑩ 嗯, 不错, 我 觉得 她 一定 很 满意。
Ng, búcuò, wǒ juéde tā yídìng hěn mǎnyì.
| 응, 괜찮은데. 그녀가 틀림없이 만족하리라 생각해.

"一定"은 매우 가능성 있는 판단을 나타내며, '반드시, 분명'에 해당한다.

① 甲_ 现在 他 一定 在家, 你 给 他 打 电话 吧。
Xiànzài tā yídìng zài jiā nǐ gěi tā dǎ diànhuà ba.
| 지금 그녀는 분명 집에 있을 거예요. 그녀에게 전화해 보세요.

乙_ 好 的。
Hǎo de.
| 그래요.

② 甲_ 这 是 新书, 你 一定 没 看过。
Zhè shì xīn shū, nǐ yídìng méi kànguo.
| 이것은 새 책이라 당신은 틀림없이 읽어 본 적이 없을 거예요.

乙_ 是, 我 真 的 没看过。
Shì, wǒ zhēn de méi kànguo.
| 맞아요, 나는 정말 읽어 본 적이 없어요.

③ 甲_ 已经 七 点 十分 了, 他 一定 不 来 了。
Yǐjīng qī diǎn shí fēn le, tā yídìng bù lái le.
| 벌써 7시 10분이야, 그는 분명 오지 않을 거야.

乙_ 那 咱们 走 吧。
Nà zánmen zǒu ba.
| 그럼 우리 가자.

4 상품 포장

예 您 要 包 一下 吗?
Nín yào bāo yíxià ma?
| 포장하실 건가요?

"包"는 여기에서 동사로 '포장하다'의 뜻이며 명사로도 쓰이는데 이 때는 '가방'의 의미이다.

书包 | 책가방   钱包 | 지갑   皮包 | 가죽가방
shūbāo   qiánbāo   píbāo

문형연습

**

1 보기와 같이 물음에 답하세요("更"을 이용).

> ┤보기├
>
> 不过 我 觉得 她 更 喜欢 古典 音乐。
> Búguò wǒ juéde tā gèng xǐhuan gǔdiǎn yīnyuè.
> | 하지만 나는 그녀가 클래식 음악을 더 좋아할 거라고 생각해요.

① 甲 _ 你哥哥 个子 真 高。
Nǐ gēge gèzi zhēn gāo.

乙 _ 我 弟弟 个子 更 高。
Wǒ dìdi gèzi gèng gāo.

问 _ 她哥哥 和 她弟弟 谁 个子 更 高？
Tā gēge hé tā dìdi shéi gèzi gèng gāo?

学生 _____ 。

② 甲 _ 他 的 口语 成绩 真 好。
Tā de kǒuyǔ chéngjì zhēn hǎo.

乙 _ 他 的 听力 成绩 更 好。
Tā de tīnglì chéngjì gèng hǎo.

问 _ 他 的 口语 和 听力 哪个 成绩 更 好？
Tā de kǒuyǔ hé tīnglì něi ge chéngjì gèng hǎo?

学生 _____ 。

③ 甲 _ 小 张 对他不满意。
Xiǎo Zhāng duì tā bù mǎnyì.

乙 _ 老 王 对他更 不满意。
Lǎo Wáng duì tā gèng bù mǎnyì.

问 _ 小 张 和 老 王 谁 对他更 不满意？
Xiǎo Zhāng hé Lǎo Wáng shéi duì tā gèng bù mǎnyì?

学生 _____ 。

④ 甲 _ 她 穿 裙子 真 漂亮。
Tā chuān qúnzi zhēn piàoliang.

乙 _ 她 穿 旗袍 更 漂亮。
Tā chuān qípáo gèng piàoliang.

问 _ 她 穿 什么 更 漂亮？
Tā chuān shénme gèng piàoliang?

学生 _____ 。

> **보충단어**
>
> ● **成绩**
> [chéngjì]
> 성적
>
> ● **听力**
> [tīnglì]
> 듣기, 청취력
>
> ● **旗袍**
> [qípáo]
> 치파오(중국전통의 여
> 성원피스)

十五 昆明比北京凉快

Kūnmíng Bǐ Běijīng Liángkuai

쿤밍은 베이징보다 시원하다

새단어

带	[dài]	가지다
这么	[zhème]	이렇게, 이런
热	[rè]	뜨겁다, 덥다
天气	[tiānqì]	날씨
比	[bǐ]	비교하다
凉快	[liángkuai]	시원하다
潮湿	[cháoshī]	습기 차다
差不多	[chàbuduō]	거의 다 되다, 엇비슷하다
下雨	[xiàyǔ]	비가 내리다
下	[xià]	내리다, 떨어지다
雨	[yǔ]	비
这样	[zhèyàng; zhèiyàng]	이렇게, 이와 같은
雪	[xuě]	눈
包子	[bāozi]	찐빵

|고유명사|

昆明	Kūnmíng	쿤밍

(텐홍깡이 쿤밍출장에서 돌아와 그의 사무실로 들어간다)

田洪刚 _ 你们 好! 我 回来 了。
Nǐmen hǎo! Wǒ huílai le.

杨 丽 _ (농담조로) 带 好吃 的 了 没有?
Dài hǎochī de le méiyǒu?

田洪刚 _ 当然 带 了。(음식을 꺼내며) 今年 北京 怎么 这么 热?
Dāngrán dài le.   Jīnnián Běijīng zěnme zhème rè?

杨 丽 _ 昆明 (的)天气 怎么样?
Kūnmíng (de) tiānqì zěnmeyàng?

田洪刚 _ 比 北京 凉快。
Bǐ Běijīng liángkuai.

方雪芹 _ 那 多 好 啊。
Nà duō hǎo a.

田洪刚 _ 可是 也 比 北京 潮湿, 差不多 天天 下 雨。
Kěshì yě bǐ Běijīng cháoshī, chàbuduō tiāntiān xià yǔ.

方雪芹 _ 天天 下 雨? 我 不 喜欢 这样 的 天气。
Tiāntiān xià yǔ? Wǒ bù xǐhuan zhèyàng de tiānqì.

田洪刚 _ 你 喜欢 下 雪, 对 不 对?
Nǐ xǐ huan xià xuě, duì bú duì?

方雪芹 _ 你 怎么 知道?
Nǐ zěnme zhīdao?

田洪刚 _ 因为 你的 名字 叫 方 雪芹 啊。
Yīnwèi nǐ de míngzi jiào Fāng Xuěqín a.

본문해설

**

I 정도를 나타내는 这么 / 那么 + 형용사

例 今年 北京 怎么 这么 热?
Jīnnián Běijīng zěnme zhème rè?
| 올해 베이징은 어쩜 이렇게 덥지요?

"这么"는 '이렇게'의 뜻이며, "那么"와 의미와 기능이 서로 같지만 "那么"는 멀리 있는 것을 가리킨다.

① 他 这么 好, 你 怎么 不 喜欢 他?
Tā zhème hǎo, nǐ zěnme bù xǐhuan tā?
| 그는 이렇게 좋은 사람인데 당신은 어째서 그를 싫어하나요?

② 他 那么 好, 你 怎么 不 喜欢 他?
Tā nàme hǎo, nǐ zěnme bù xǐ huan tā?
| 그는 그렇게 좋은 사람인데 당신은 어째서 그를 싫어하나요?

③ 你 这么 忙, 我 不 麻烦 你 了。
Nǐ zhème máng, wǒ bù máfan nǐ le.
| 당신은 이렇게도 바쁘니 나는 당신을 번거롭게 하지 않을 게요.

④ 甲 _ Ellyn 的 汉语 怎么 那么 好?
Ellyn de Hànyǔ zěnme nàme hǎo?
| 엘린은 중국어를 어떻게 그렇게 잘 하죠?

乙 _ 因为 她 在 中国 住了很 多 年 了。
Yīnwèi tā zài Zhōngguó zhù le hěn duō nián le.
| 그녀가 중국에 여러 해 살았기 때문이죠.

2 비교표현(1)

例 比 北京 凉快。
Bǐ Běijīng liángkuai.
| 베이징보다 시원해요.

두 사물을 비교할 때 다음의 문형을 사용할 수 있다.

> A + 比 + B + 형용사 = A는 B보다 ~하다

본문해설

① 他 比 我 大。
　Tā bǐ wǒ dà.
　| 그는 나보다 나이가 많다.

② 我 的 英语 比 汉语 好。
　Wǒ de Yīngyǔ bǐ Hànyǔ hǎo.
　| 나는 영어를 중국어보다 잘 한다.

③ 她 的 衣服 比 我 的 漂亮。
　Tā de yīfu bǐ wǒ de piàoliang.
　| 그녀의 옷은 내 것보다 예쁘다.

④ 她 做 饭 比 我 做 得 好。
　Tā zuò fàn bǐ wǒ zuò de hǎo.
　| 그녀는 나보다 음식을 잘 한다.

이 문형의 부정은 다음과 같다.

> A + 没有 + B + 형용사

① 我 没有 他 大。
　Wǒ méiyǒu tā dà.
　| 나는 그보다 나이가 많지 않다.

② 我 的 汉语 没有 英语 好。
　Wǒ de Hànyǔ méiyǒu Yīngyǔ hǎo.
　| 나는 중국어를 영어만큼 잘하지 못한다.

③ 我 的 衣服 没有 她 的 漂亮。
　Wǒ de yīfu méiyǒu tā de piàoliang.
　| 내 옷은 그녀의 것만큼 예쁘지 않다.

④ 我 做 饭 没有 她 做 得 好。
　Wǒ zuò fàn méiyǒu tā zuò de hǎo.
　| 나는 그녀만큼 음식을 잘하지 못한다.

126

**

3　양사의 중첩

　예　差不多　天天　下 雨。
　　Chàbuduō tiāntiān xià yǔ.
　　| 거의 매일 비가 내린다.

"天天"은 '매일'이라는 뜻이다. 단음절 양사와 수량단위나 개체단위를 나타낼 수 있는 명사는 중첩
하여 사용할 수 있다. 중첩 후에는 '모든, 모두'의 의미가 된다. 중첩형의 뒤에는 "都"가 더해지는 경
우가 많다.

① 人 —— 　人人 ———— 　我们　人人 都 会 说 英语。
　rén　　　rénrén　　　　Wǒmen rénrén dōu huì shuō Yīngyǔ.
　| 사람　　사람들 모두　　우리 모두는 영어를 할 수 있다.

② 家 —— 　家家 ———— 　这儿 差不多 家家 都 有 汽车。
　jiā　　　jiājiā　　　　　Zhèr chàbuduō jiājiā dōu yǒu qìchē.
　| 집　　　집집마다　　　여기는 거의 집집마다 자동차를 가지고 있다.

③ 年 —— 　年年 ———— 　他 差不多　年年　都 来　中国。
　nián　　　niánnián　　　Tā chàbuduō niánnián dōu lái Zhōngguó.
　| 해　　　해마다　　　　그는 거의 해마다 중국에 온다.

④ 件 —— 　件件 ———— 　她 穿　的 衣服　件件　都 那么　漂亮。
　jiàn　　　jiànjiàn　　　Tā chuān de yīfu jiànjiàn dōu nàme piàoliang.
　| 한 벌　　모든 옷　　　그녀가 입은 옷 모두 그렇게 예쁘다.

4　这样 + 的 + 명사

　예　我 不 喜欢　这样　的 天气。
　　Wǒ bù xǐhuan zhèyàng de tiānqì.
　　| 나는 이런 날씨를 좋아하지 않는다.

"这样"에 "的"을 더해 명사 앞에 놓으면 명사의 상태를 나타내게 된다. "这样"은 가까운 것을 가
리키고 먼 것을 가리킬 때는 "那样"을 사용한다.

　　　　这样 / 那样 + 的 + 명사

① 甲_ 这儿 有 这样　的 香水儿　吗?
　　　Zhèr yǒu zhèyàng de xiāngshuǐr ma?
　　　| 여기에 이런 향수가 있나요?

乙_ 没有。这儿 没 卖过 这样 的 香水儿。
Méiyǒu. Zhèr méi màiguo zhèyàng de xiāngshuǐr.

| 아니요. 여기서는 이런 향수를 판매한 적이 없어요.

② 这样 的 东西 不 叫 饺子, 叫 包子。
Zhèyàng de dōngxi bú jiào jiǎozi, jiào bāozi.

| 이런 음식은 만두라고 하지 않고 찐빵이라고 한다.

③ 我 想 要 那样 的 汽车。
Wǒ xiǎng yào nàyàng de qìchē.

| 나는 저런 자동차를 갖고 싶다.

의문형은 "什么样"을 사용한다.

① 甲_ 以后, 你 想 做 什么样 的 人?
Yǐhòu, nǐ xiǎng zuò shénmeyàng de rén?

| 앞으로 당신은 어떤 사람이 되고 싶으세요?

乙_ 我 想 做我 爸爸 那样 的 人。
Wǒ xiǎng zuò wǒ bàba nàyàng de rén.

| 나는 아버지같은 사람이 되고 싶어요.

② 甲_ 你 想 找 一个 什么样 的 女朋友?
Nǐ xiǎng zhǎo yí ge shénmeyàng de nǚpéngyou?

| 당신은 어떤 여자친구를 찾고 있어요?

乙_ 聪明、 漂亮 的。
Cōngming、piàoliang de.

| 똑똑하고 예쁜 여자친구요.

③ 甲_ 你 想 要 件 什么样 的 衣服?
Nǐ xiǎng yào jiàn shénmeyàng de yīfu?

| 당신은 어떤 옷이 필요하세요?

乙_ 白色的、样子 好看 的。
Báisè de、yàngzi hǎokàn de.

| 흰색에 모양이 예쁜 것으로요.

1 물음에 답하세요.

① 女 __ 冬天　南方比北方　暖和。
Dōngtiān Nánfāng bǐ Běifāng nuǎnhuo.

男 __ 对，冬天　北方　没有　南方　暖和。
Duì, dōngtiān Běifāng méiyǒu Nánfāng nuǎnhuo.

问 __ 冬天　哪儿　暖和?
Dōngtiān nǎr nuǎnhuo?

学生 _____ 。

② 男 __ 春天　北方 比 南方　干燥。
Chūntiān Běifāng bǐ Nánfāng gānzào.

女 __ 对，春天　南方　没有　北方　干燥。
Duì, chūntiān Nánfāng méiyǒu Běifāng gānzào.

问 __ 春天　哪儿　干燥?
Chūntiān nǎr gānzào?

学生 _____ 。

③ 女 __ 里边 比 外边 温度 低。
Lǐ bian bǐ wàibian wēndù dī.

男 __ 对，外边 没有 里边 温度 低。
Duì, wàibian méiyǒu lǐbian wēndù dī.

问 __ 哪儿 的温度 高?
Nǎr de wēndù gāo?

学生 _____ 。

④ 女 __ 我 写 汉字 比 大卫 写 得 好。
Wǒ xiě Hànzì bǐ Dàwèi xiě de hǎo.

男 __ 对，大卫 写 汉字 没有 你 写 得 好。
Duì, Dàwèi xiě Hànzì méiyǒu nǐ xiě de hǎo.

问 __ 她 写 汉字 比 谁 写 得 好?
Tā xiě Hànzì bǐ shéi xiě de hǎo?

学生 _____ 。

보충단어

● 冬天
[dōngtiān]
겨울

● 春天
[chūntiān]
봄

● 干燥
[gānzào]
건조하다

● 温度
[wēndù]
온도

● 低
[dī]
낮다

| 고유명사 |

● 南方
[Nánfāng]
남방, 남부지방

● 北方
[Běifāng]
북방, 북부지방

문형연습 **

2 보기와 같이 물음에 답하세요("差不多" 를 이용).

┤보기├

差不多　天天　下雨。
Chàbuduō tiāntiān xià yǔ.
│ 거의 매일 비가 내린다.

① 甲 ＿　北京 的　名胜古迹 你都　看过　吗?
Běijīng de míngshèng gǔjì nǐ dōu kànguo ma?

乙 ＿　我 差不多 都　看过。
Wǒ chàbuduō dōu kànguo.

问 ＿　北京 的 名胜古迹 她 都 看过 吗?
Běijīng de míngshèng gǔjì tā dōu kànguo ma?

学生 ＿＿＿＿＿＿＿＿＿＿＿＿＿＿＿＿＿ 。

② 甲 ＿　今天 的课你都 明白 了吗?
Jīntiān de kè nǐ dōu míngbai le ma?

乙 ＿　差不多。
Chàbuduō.

问 ＿　今天 的课他都 明白 了吗?
Jīntiān de kè tā dōu míngbai le ma?

学生 ＿＿＿＿＿＿＿＿＿＿＿＿＿＿＿ 。

③ 甲 ＿　你 认识 这些 人吗?
Nǐ rènshi zhèxiē rén ma?

乙 ＿　这些 人我 差不多 都 认识。
Zhèxiē rén wǒ chàbuduō dōu rènshi.

问 ＿　她 认识 这些 人吗?
Tā rènshi zhèxiē rén ma?

学生 ＿＿＿＿＿＿＿＿＿＿＿＿＿＿ 。

十六 我希望星期六不下雨

Wǒ Xīwàng　Xīngqīliù　Bú Xià Yǔ

나는 토요일에 비가 오지 않길 바란다

새단어

● 外边	[wàibian]	외부, 밖
● 度	[dù]	정도, 한도
● 那么	[nàme]	그럼
● 希望	[xīwàng]	희망하다, 바라다
● 眼镜	[yǎnjìng]	안경
● 修(理)	[xiū(lǐ)]	수리하다
● 糟糕	[zāogāo]	엉망이 되다, 아뿔싸!
● 忘	[wàng]	잊다, 망각하다
● 主人	[zhǔrén]	주인
● 客人	[kèrén]	손님

회화 ✳✳

어떻게 자신의 희망을 표현할까? 어떻게 다른 사람의 계획을 물어볼까? 우리 팡쉐친과 그녀의 아버지, 어머니가 나누는 대화를 살펴보자.

(팡쉐친이 퇴근하고 집으로 돌아온다)

方雪芹 _ 爸、妈，我 回来 了。
Bà、 mā， wǒ huílai le.

方　母 _ 外边 怎么样，热 不 热?
Wàibian zěnmeyàng, rè bú rè?

方雪芹 _ 特别 热。
Tèbié rè.

方　母 _ 快 去 洗 个 澡。
Kuài qù xǐ ge zǎo.

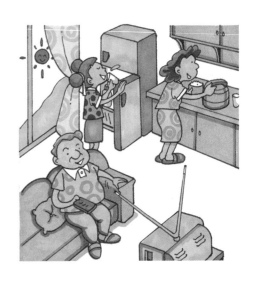

方　父 _ 明天 凉快， 29 度。
Míngtiān liángkuai, èrshíjiǔ dù.

方　母 _ 明天 怎么 那么 凉快?
Míngtiān zěnme nàme liángkuai?

方　父 _ 明天 有 雨。
Míngtiān yǒu yǔ.

方雪芹 _ 星期六 下 不 下 雨?
Xīngqīliù xià bú xià yǔ?

方　父 _ 还 不 知道。今天 是 星期三。
Hái bù zhīdao. Jīntiān shì xīngqīsān.

方雪芹 _ 我 希望 星期六 不 下 雨。
Wǒ xīwàng xīngqīliù bú xià yǔ.

方　母 _ 星期六 你 要 做 什么?
Xīngqīliù nǐ yào zuò shénme?

方雪芹 _ 我 和 几 个 朋友 想 去 长城 玩儿……
Wǒ hé jǐ ge péngyou xiǎng qù Chángchéng wánr…

方　父 _ 雪芹，我 的 眼镜 修好 了 吗?
Xuěqín, wǒ de yǎnjìng xiū hǎo le ma?

方雪芹 _ 糟糕! 我 忘 了!
Zāogāo! Wǒ wàng le!

본문해설

1 재촉

예 **快 去洗个澡。**
Kuài qù xǐ ge zǎo.
| 어서 가서 샤워하세요.

"快"는 원래 '빨리'의 뜻으로 여기에서는 "快 + 동작"이라는 형식을 취하여 다른 사람에게 어떤 일을 서둘러 하게 함을 나타낸다.

> **快** + 동작

① **快 走! 咱们 要 晚 了。**
Kuài zǒu! Zánmen yào wǎn le.
| 빨리 가자! 우리 늦겠다.

② **前边   有 个 小孩儿。快 停 车!**
Qiánbian yǒu ge xiǎoháir. Kuài tíng chē!
| 앞에 아이가 있어. 어서 차 세워!

③ **快 别 喝了! 你 已经 喝 了 六瓶   啤酒 了。**
Kuài bié hē le!   Nǐ yǐjīng hē le liù píng píjiǔ le!
| 그만 마셔요! 당신 벌써 맥주를 여섯 병이나 마셨잖아요.

2 가벼운 어기의 표현

예 **洗个澡**
Xǐ ge zǎo
| 샤워를 좀 하다

위 예문과 같이 "个"를 동사와 빈어 사이에 사용하면 어기가 경쾌하고 자유분방하며 시간이 짧다는 것을 나타낼 수 있다.

① **你 等 我 一下, 我 去 洗 个 手。**
Nǐ děng wǒ yíxià, wǒ qù xǐ ge shǒu.
| 잠시 기다려 주세요. 손 좀 씻고 올게요.

② **我 累 了, 我 要 去 睡 个 觉。**
Wǒ lèi le,   wǒ yào qù shuì ge jiào.
| 나는 피곤해서 잠을 좀 자러 가야겠어요.

③ 甲 _ 你 去 哪儿?
Nǐ qù nǎr?

| 당신 어디 가세요?

乙 _ 我 去 剪 个 头发。
Wǒ qù jiǎn ge tóufa.

| 나는 이발하러 가요.

3 완벽한 결과를 나타내는 동사 + 好

❸ 我 的 眼镜 修好 了吗?
Wǒ de yǎnjìng xiūhǎo le ma?

| 내 안경은 다 고쳤어요?

"好"는 "동사 + 好"의 형식을 사용하여 동작의 완성과 만족스러운 결과를 얻었음을 나타낼 수 있다.

① 甲 _ 饭 做好 了 没有? 我 饿 了。
Fàn zuòhǎo le méiyǒu? Wǒ è le.

| 밥은 다 지었나요? 배가 고파요.

乙 _ 做好 了, 来 吃 吧。
Zuòhǎo le, lái chī ba.

| 다 됐어요. 와서 식사하세요.

② 甲 _ 头发 剪好 了 没有?
Tóufa jiǎnhǎo le méiyǒu?

| 머리는 다 잘랐나요?

乙 _ 就 要 剪好 了。
Jiù yào jiǎnhǎo le.

| 다 되어 가고 있어요.

③ 甲 _ 票 买好 了 没有?
Piào mǎihǎo le méiyǒu?

| 표는 다 샀어요?

乙 _ 我 还 没 买。
Wǒ hái méi mǎi.

| 아직 사지 않았어요.

사람을 초대하여 식사를 하고 나서 주인은 습관적으로 손님에게 다음과 같이 물어 본다.

④ 主人 _ 你们 吃好 了 没有?
Nǐmen chīhǎo le méiyǒu?
| 여러분 식사 다 하셨나요?(더 드시겠습니까?)

客人 _ 吃好 了。谢谢 你!
Chīhǎo le.   Xièxie nǐ!
| 다 먹었어요. 고맙습니다.

4 糟糕

예 糟糕! 我 忘 了!
Zāogāo! Wǒ wàng le!
| 어머나! 내가 깜빡했어요.

"糟糕"는 '야단났군, 아뿔싸'의 뜻이며, 일이나 상황이 아주 좋지 않음을 가리킨다. 단독으로 쓸 수 있다.

① 今天 的 天气 真 糟糕!
Jīntiān de tiānqì zhēn zāogāo!
| 오늘 날씨는 정말 엉망이다.

② 我 的 法语 很 糟糕。
Wǒ de Fǎyǔ hěn zāogāo.
| 내 불어는 완전 엉터리다.

③ 糟糕! 我 的 票 没有 了。
Zāogāo! Wǒ de piào méiyǒu le.
| 아뿔싸! 내 표가 없어졌다.

④ 糟糕! 我 忘了 带 钱。
Zāogāo! Wǒ wàngle dài qián.
| 아이쿠! 내가 돈 가져온다는 걸 깜빡했네.

문형연습

1 보기와 같이 물음에 답하세요("快＋동사"를 이용).

> ┤보기├
>
> 快 去洗个澡。
> Kuài qù xǐ ge zǎo.
> | 어서 가서 샤워하세요.

① 女 _ 快 走! 咱们 要 晚 了。
Kuài zǒu! Zánmen yào wǎn le.

问 _ 你 让 他们 做 什么?
Nǐ ràng tāmen zuò shénme?

学生 _____ 。

② 男 _ 快 给 你 爸爸 妈妈 写 信 吧。
Kuài gěi nǐ bàba māma xiě xìn ba.

问 _ 你 让 她 做 什么?
Nǐ ràng tā zuò shénme?

学生 _____ 。

③ 女 _ 快 给 你 女朋友 回 个 电话。
Kuài gěi nǐ nǚpéngyou huí ge diànhuà.

问 _ 你 让 他 做 什么?
Nǐ ràng tā zuò shénme?

学生 _____ 。

④ 女 _ 水龙头 坏 了, 快 修修。
Shuǐlóngtóu huài le, kuài xiūxiu.

问 _ 你 让 他 做 什么?
Nǐ ràng tā zuò shénme?

学生 _____ 。

⑤ 女 _ 快 来! 电影 就要 开始 了。
Kuài lái! Diànyǐng jiù yào kāishǐ le.

问 _ 你 让 他们 做 什么?
Nǐ ràng tāmen zuò shénme?

学生 _____ 。

보충단어

● 水龙头
[shuǐlóngtóu]
수도꼭지

● 坏
[huài]
나쁘다, 망가지다

2 보기와 같이 물음에 답하세요("동사＋好"를 이용).

┤보기├

眼镜　修好 了吗?
Yǎnjìng xiūhǎo le ma?
│ 안경은 다 고쳤나요?

① 男 ＿ 吃 的 东西 买好 了 没有?
Chī de dōngxi mǎihǎo le méiyǒu?

女 ＿ 已经 买好 了。
Yǐ jīng mǎihǎo le.

问 ＿ 他们 吃 的 东西 买好 了 没有?
Tāmen chī de dōngxi mǎihǎo le méiyǒu?

学生 ＿＿＿＿＿＿＿＿＿＿＿＿＿＿＿＿ 。

② 女 ＿ 饭 做好 了，快 来 吃饭。
Fàn zuòhǎo le,　kuài lái chī fàn.

男 ＿ 好 的，来 了。
Hǎo de,　lái le.

问 ＿ 她 的 饭 做好 了 吗?
Tā de fàn zuòhǎo le ma?

学生 ＿＿＿＿＿＿＿＿＿＿＿＿＿＿＿ 。

③ 男 ＿ 你 的 作业 做好 了 没有?
Nǐ de zuòyè zuòhǎo le méiyǒu?

孩 ＿ 还 没 做好。
Hái méi zuòhǎo.

男 ＿ 快 做 作业。
Kuài zuò zuòyè.

问 ＿ 他 的 作业 做好 了 没有?
Tā de zuòyè zuòhǎo le méiyǒu?

学生 ＿＿＿＿＿＿＿＿＿＿＿＿＿＿＿ 。

④ 女 ＿ 你 的 照相机 修好 了 吗?
Nǐ de zhàoxiàngjī xiūhǎo le ma?

男 ＿ 没 修好。我 不 会 修。
Méi xiūhǎo.　Wǒ bú huì xiū.

问 _ 他 的 照相机 修好 了 吗?
Tā de zhàoxiàngjī xiūhǎo le ma?

学生 ＿＿＿＿＿＿＿＿＿＿＿＿ 。

3 보기와 같이 물음에 답하세요("忘"을 이용).

┤ 보 기 ├

我 忘了。
Wǒ wàng le.
┃ 내가 잊었어요.

① 女 _ 你的书 呢?
Nǐ de shū ne?

孩 _ 我 忘 了 拿我的书。
Wǒ wàng le ná wǒ de shū.

问 _ 他忘了 什么?
Tā wàngle shénme?

学生 ＿＿＿＿＿＿＿＿ 。

② 男 _ 我 忘 了拿我的眼镜。
Wǒ wàng le ná wǒ de yǎnjìng.

问 _ 他 忘了 什么?
Tā wàngle shénme?

学生 ＿＿＿＿＿＿＿＿ 。

③ 女 _ 我 忘 了 锁门。
Wǒ wàng le suǒmén.

问 _ 她 忘 了 什么?
Tā wàng le shénme?

学生 ＿＿＿＿＿＿＿ 。

④ 男 _ 我 忘 了带钥匙。
Wǒ wàng le dài yàoshi.

问 _ 他 忘 了 什么?
Tā wàng le shénme?

学生 ＿＿＿＿＿＿＿ 。

보충단어

● 拿
[ná]
들다, 쥐다

● 锁门
[suǒmén]
문을 잠그다

● 钥匙
[yàoshi]
열쇠

138

十七 我给你们照张相
Wǒ Gěi Nǐmen Zhào Zhāng Xiàng
내가 당신에게 사진을 찍어 드릴게요

새단어

风景	[fēngjǐng]	풍경, 경치
美	[měi]	아름답다
站	[zhàn]	서다
照相	[zhàoxiàng]	사진을 찍다
相片儿	[xiàngpiānr]	사진
照相机	[zhàoxiàngjī]	카메라
笑	[xiào]	웃다
茄子	[qiézi]	가지
位	[wèi]	분(사람 수를 세는 단위)
准备	[zhǔnbèi]	준비하다
胶卷	[jiāojuǎn(r)]	필름
完	[wán]	끝내다, 완성하다
词典	[cídiǎn]	사전
菜单	[càidān]	메뉴

회화 ✳✳

야외로 놀러가면 의례 사진을 찍게 되는데 이런 상황에서 어떤 표현들이 나오는지 우리 팡쉐친을 따라 살펴보자.

(팡쉐친, 리원롱, 팡쉐친의 동료들이 유원지에 도착한다)

方雪芹 _ 你看, 这儿的 风景 多 美 啊。
　　　　Nǐ kàn,　zhèr de fēngjǐng duō měi a.

(팡쉐친과 리원롱에게)

杨　丽 _ 你们 站 在 这儿, 我 给 你们 照 张 相。
　　　　Nǐmen zhàn zài zhèr,　wǒ gěi nǐmen zhào zhāng xiàng.

方雪芹 _ (사진기를 건네주며) 用 我 的 照相机。
　　　　　　　　　　　　　Yòng wǒ de zhàoxiàngjī.

杨　丽 _ 好, 笑 一 笑, 说 "茄子"。
　　　　Hǎo, xiào yi xiào,　shuō "qiézi".

李文龙 _ 我 给 你们 几位 也 照 一 张。
　　　　Wǒ gěi nǐmen jǐ wèi yě zhào yì zhāng.

赵天会 _ 大家 一起 照 一 张 吧。(지나가는 사람에게) 麻烦 你,
　　　　Dàjiā　yìqǐ zhào yì zhāng ba.　　　　　　　Máfan nǐ,

帮 我们 照 张 相, 好 吗?
bāng wǒmen zhào zhāng xiàng, hǎo ma?

过路人 _ 好。(사진기를 받아들고) 准备 好 了,
　　　　Hǎo.　　　　　　　　Zhǔnbèi hǎo le,

一···二···三···, 好 了。
yī···　èr···　sān···,　hǎo le.

赵天会 _ (사진기를 돌려 받고) 谢谢 你!
　　　　　　　　　　　　Xièxie nǐ!

过路人 _ 不 客气。
　　　　Bú kèqi.

(갑자기 사진기에서 스르륵하는 소리가 나는 것을 알아채고)

赵天会 _ 哦, 胶卷 照 完 了, 得 去 买 胶卷。
　　　　Ó, jiāojuǎnr zhào wán le,　děi qù mǎi jiāojuǎnr.

方雪芹 _ 正好 我 也 饿 了, 咱们 去 吃饭 吧。
　　　　Zhènghǎo wǒ yě è le,　zánmen qù chīfàn ba.

杨　丽 _ 好 啊, 走。
　　　　Hǎo a,　zǒu.

 **본문해설** ✱✱

I 동사와 빈어 사이에 들어가는 양사

예 我 给 你们 照 张 相。
Wǒ gěi nǐmen zhào zhāng xiàng.
| 내가 여러분께 사진을 찍어드릴게요.

전에 배운 "洗个澡"처럼 "照相"의 사이에 양사 "张"을 넣어 가볍고 임의적인 어기를 나타낸다.

① 甲_ 我 给 你 照 张 相。
Wǒ gěi nǐ zhào zhāng xiàng.
| 내가 당신에게 사진을 찍어 드릴게요.

乙_ 谢谢。我 站 在 这儿, 好 吗?
Xièxie. Wǒ zhàn zài zhèr, hǎo ma?
| 고마워요. 내가 여기 서는 게 어때요?

② 甲_ 给 我们 在 这儿 照 张 相。
Gěi wǒmen zài zhèr zhào zhāng xiàng.
| 우리 여기에서 사진 찍어 주세요.

乙_ 好 的, 不过 我 不太 会 照相。
Hǎo de, búguò wǒ bú tài huì zhàoxiàng.
| 네, 하지만 나는 사진을 잘 찍지는 못해요.

2 用의 용법

예 用 我 的 照相机。
Yòng wǒ de zhàoxiàngjī.
| 내 사진기를 쓰세요.

"用"은 '~을 이용하다'의 뜻이다.

① 甲_ 我 可以 用 一下 你 的 自行车 吗?
Wǒ kěyǐ yòng yíxià nǐ de zìxíngchē ma?
| 내가 당신 자전거를 좀 사용해도 될까요?

乙_ 当然 可以。给 你 车 钥匙。
Dāngrán kěyǐ. Gěi nǐ chē yàoshi.
| 당연하죠. 당신에게 자전거 열쇠를 드릴게요.

② 甲＿ 我 这 本 词典 已经 用 了 五 年 了。
Wǒ zhè běn cídiǎn yǐjīng yòng le wǔ nián le.
| 나는 이 사전을 이미 5년이나 썼어요.

乙＿ 用 了 那么 长 时间！
Yòng le nàme cháng shíjiān!
| 아주 오래 쓰셨네요.

"用 + 명사 + 동작"의 형식을 이루며 "用"의 뒤에 오는 명사는 동작을 완성하기 위해 쓰는 도구이다.

① 甲＿ 这 句 话 用 汉语 怎么 说？
Zhè jù huà yòng Hànyǔ zěnme shuō?
| 이 말을 중국어로 어떻게 말하죠?

乙＿ 我 也 不 知道。
Wǒ yě bù zhīdao.
| 나도 몰라요.

② 他 用 手 画 画儿，不 是 用 笔 画。
Tā yòng shǒu huà huàr, bú shì yòng bǐ huà.
| 그는 손으로 그림을 그리지 붓으로 그리지 않는다.

이밖에 다른 사람에게 음식을 권할 때 "用"을 "吃,喝" 대신 사용하여 손님에게 존경심을 나타낼 수 있다.

① 甲＿ 请 用茶。
Qǐng yòng chá.
| 차 드세요.

乙＿ 好，谢谢。
Hǎo, xièxie.
| 고맙습니다.

② 甲＿ 请 大家 到 里边 用 饭。
Qǐng dàjiā dào lǐbian yòng fàn.
| 모두들 안으로 들어오셔서 식사하세요.

乙＿ 请，请 到 里边 坐。
Qǐng, qǐng dào lǐbian zuò.
| 들어와 앉으세요.

大家 _ **谢谢。**
Xièxie.

| 고맙습니다.

3 양사 位

🔊 **我 给 你们 几 位 也 照 一 张。**
Wǒ gěi nǐmen jǐ wèi yě zhào yì zhāng.

| 내가 여러분 몇 분에게 사진 한 장을 찍어 드릴게요.

"位"는 양사로서 사람에게 사용하며 존중의 의미가 있다.

① **这 位 是 吴 先生， 那 位 是 吴 太太。**
Zhèi wèi shì Wú xiānsheng, nèi wèi shì Wú tàitai.

| 이 분은 우 선생님이시고, 저 분은 우 부인이십니다.

② (호텔 문 앞에서)

甲 _ **请 问 你们 有 几 位?**
Qǐng wèn nǐmen yǒu jǐ wèi?

| 실례지만 몇 분이신가요?

乙 _ **四位。**
Sì wèi.

| 네 명이요.

③ 甲 _ **你们 几 位 吃 什么?**
Nǐmen jǐ wèi chī shénme?

| 여러분은 무엇을 드실 건가요?

乙 _ **我们 先 看看 菜单 吧。**
Wǒmen xiān kànkan càidān ba.

| 우리는 우선 메뉴를 좀 살펴볼게요.

✱✱

4 동작의 완성을 나타내는 동사 + 完

◉ 胶卷　照 完 了。
Jiāojuǎnr zhào wán le.
| 필름을 다 찍었다.

"동사 + 完"은 동작과 일의 완성이나 종결을 나타낸다.

① 甲 _ 吃 完 饭 你 做 什么?
Chī wán fàn nǐ zuò shénme?
| 당신 식사를 다 마치고 무엇을 할 건가요?

乙 _ 吃 完 饭 我 就 得 去 学校。
Chī wán fàn wǒ jiù děi qù xuéxiào.
| 식사를 끝내고 나는 바로 등교를 해야 해요.

② 甲 _ 这 本 书 你 看 完 了 吗?
Zhè běn shū nǐ kàn wán le ma?
| 당신 이 책을 다 읽었나요?

乙 _ 没 看 完。
Méi kàn wán.
| 다 읽지 않았어요.

③ 甲 _ 你 的 画儿 画 完 了 没有?
Nǐ de huàr huà wán le méiyǒu?
| 당신 그림은 다 그렸나요?

乙 _ 画 完 了, 但是 没 画 好。
Huà wán le, dànshì méi huà hǎo.
| 다 그리긴 했지만 잘 그리지는 못했어요.

문형연습 **

1 보기와 같이 물음에 답하세요("用 + 명사 + 동작" 을 이용).

┤보기├

用 我 的 照相机 照相。
Yòng wǒ de zhàoxiàngjī zhàoxiàng.
│ 내 카메라로 사진을 찍으세요.

① 中国人 _ 我 用 筷子 吃饭。
　　　　　Wǒ yòng kuàizi chī fàn.

　男　 _ 中国 人 用 筷子 吃饭。
　　　　　Zhōngguó rén yòng kuàizi chī fàn.

　问　 _ 中国 人 习惯 用 什么 吃饭?
　　　　　Zhōngguó rén xíguàn yòng shénme chī fàn?

　学生 _ _____ 。

② 外国人 _ 我 用 刀子 和 叉子 吃饭。
　　　　　Wǒ yòng dāozi hé chāzi chī fàn.

　女　 _ 西方 人 习惯 用 刀子 和 叉子 吃饭。
　　　　　Xīfāng rén xíguàn yòng dāozi hé chāzi chī fàn.

　问　 _ 西方 人 习惯 用 什么 吃饭?
　　　　　Xīfāng rén xíguàn yòng shénme chī fàn?

　学生 _ _____ 。

③ 女　 _ 这个 不 可以 用 铅笔 写。
　　　　　Zhège bù kěyǐ yòng qiānbǐ xiě.

　男　 _ 好。
　　　　　Hǎo.

　问　 _ 她 说 不 可以 用 什么 写?
　　　　　Tā shuō bù kěyǐ yòng shénme xiě?

　学生 _ _____ 。

④ 男　 _ 我 应该 用 什么 笔 写?
　　　　　Wǒ yīnggāi yòng shénme bǐ xiě?

　女　 _ 你 应该 用 钢笔 写。
　　　　　Nǐ yīnggāi yòng gāngbǐ xiě.

　问　 _ 他 应该 用 什么 笔 写?
　　　　　Tā yīnggāi yòng shénme bǐ xiě?

　学生 _ _____ 。

보충단어

● 筷子
[kuàizi]
젓가락

● 刀子
[dāozi]
칼, 나이프

● 叉子
[chāzi]
포크

● 铅笔
[qiānbǐ]
연필

● 钢笔
[gāngbǐ]
만년필

 문형연습

2 보기와 같이 물음에 답하세요("동사 + 完" 을 이용).

┤보 기├

胶卷　　照完　了。
Jiāojuǎnr zhàowán le.
│필름은 다 찍었다.

① 女 ＿　汉语 语法 你们 都 学完 了吗？
Hànyǔ yǔfǎ nǐmen dōu xuéwán le ma?

男 ＿　还 没 学完。
Hái méi xuéwán.

问 ＿　汉语 语法 他们 都 学完 了吗？
Hànyǔ yǔfǎ tāmen dōu xuéwán le ma?

学生 ＿ ＿＿＿＿＿＿＿＿＿＿＿＿＿＿ 。

② 男 ＿　汉语 语音 老师 给 你们 讲完 了吗？
Hànyǔ yǔyīn lǎoshī gěi nǐmen jiǎngwán le ma?

女 ＿　老师 给 我们 讲完 了。
Lǎoshī gěi wǒmen jiǎngwán le.

问 ＿　汉语 语音 老师 给 他们 讲完 了吗？
Hànyǔ yǔyīn lǎoshī gěi tāmen jiǎngwán le ma?

学生 ＿ ＿＿＿＿＿＿＿＿＿＿＿＿＿＿ 。

女 ＿　不过 我 没 学好。
Búguò wǒ méi xuéhǎo.

问 ＿　她 汉语 语音 学好 了吗？
Tā Hànyǔ yǔyīn xuéhǎo le ma?

学生 ＿ ＿＿＿＿＿＿＿＿＿＿＿＿ 。

③ 女 ＿　你的 小说 写完 了 没有？
Nǐ de xiǎoshuō xiěwán le méiyǒu?

男 ＿　还 没 写完。
Hái méi xiěwán.

问 ＿　他的 小说 写完 了 没有？
Tā de xiǎoshuō xiěwán le méiyǒu?

学生 ＿ ＿＿＿＿＿＿＿＿＿＿＿＿＿ 。

보충단어

● 语法
　[yǔfǎ]
　문법

● 语音
　[yǔyīn]
　발음

● 小说
　[xiǎoshuō]
　소설

十八 饿死了
Èsǐ Le

배고파 죽겠어요

……死了	[…sǐ le]	매우, 너무(정도가 극한 상황에 이름)
死	[sǐ]	죽다
休息	[xiūxi]	쉬다, 휴식하다
够	[gòu]	충분하다
面包	[miànbāo]	빵
火腿	[huǒtuǐ]	햄
牛奶	[niúnǎi]	우유
巧克力	[qiǎokèlì]	초콜릿
跟……一样	[gēn… yíyàng]	~와 같다
一样	[yíyàng]	같다, 비슷하다
爱	[ài]	사랑하다
随便	[suíbiàn]	마음대로, 제멋대로

회화 ＊＊

팡쉐친 일행이 산아래에서 휴식을 취하며 나누는 대화를 살펴보자.

方雪芹 ＿ **饿死 了。**
Èsǐ le.

杨 丽 ＿ **我 渴死 了。**
Wǒ kěsǐ le.

赵天会 ＿ **你们 在 这儿 休息，我 去 买 东西。**
Nǐmen zài zhèr xiūxi, wǒ qù mǎi dōngxi.

李文龙 ＿ **老 赵，我 和 你 一起 去。**
Lǎo Zhào, wǒ hé nǐ yìqǐ qù.

方雪芹 ＿ **我 也 去。**
Wǒ yě qù.

赵天会 ＿ **你们 休息 吧。**
Nǐmen xiūxi ba.

李文龙 ＿ **对，我们 两个 人 去 就 够 了。**
Duì, wǒmen liǎng ge rén qù jiù gòu le.

赵天会 ＿ **你们 吃 什么?**
Nǐmen chī shénme?

方雪芹 ＿ **我 要 面包、 火腿(和)牛奶，还有 巧克力。**
Wǒ yào miànbāo、 huǒtuǐ (hé) niúnǎi, háiyǒu qiǎokèlì.

赵天会 ＿ (양리에게) **你 呢?**
Nǐ ne?

杨 丽 ＿ (피곤해서 깊이 생각하지 않고) **我 跟 雪芹 一样 吧。**
Wǒ gēn Xuěqín yíyàng ba.

赵天会 ＿ **你 也 要 巧克力 吗?**
Nǐ yě yào qiǎokèlì ma?

杨 丽 ＿ (갑자기 깨달은 듯) **哦，我 不要 巧克力，我 也 不 爱 喝 牛奶，**
Ó, wǒ bú yào qiǎokèlì, wǒ yě bú ài hē niúnǎi.

我 要 矿泉水 吧。
wǒ yào kuàngquánshuǐ ba.

赵天会 ＿ (걸어가면서 묻는다) **文龙，你 呢?**
Wénlóng, nǐ ne?

李文龙 ＿ **我 随便。**
Wǒ suíbiàn.

본문해설 **

I 극한의 정도를 나타내는 표현

예 饿死 了。
Èsǐ le.
| 배고파 죽겠어요.

"형용사 + 死了"는 여기에서 정도가 아주 높고 극한 지점까지 다다랐음을 나타낸다. 여기의 형용사는
일반적으로 소극적인 의미를 나타내는 단음절 형용사이다.

형용사 + 死了

忙死 了 – 这个 星期他 忙死 了。
mángsǐ le - Zhèige xīngqī tā mángsǐ le.
| 바빠 죽겠다 | 그는 이번 주에 바빠 죽을 지경이다.

热死了 – 今年 夏天 北京 热死 了。
rèsǐ le - Jīnnián xiàtiān Běijīng rèsǐ le.
| 더워 죽겠다 | 올 여름 베이징의 날씨는 더워 죽을 정도다.

慢死 了 – 这 车 慢死了。
mànsǐ le - Zhè chē mànsǐ le.
| 느려 터졌다 | 이 차는 느려 터졌다.

2 비교표현 (2)

예 我 跟 雪芹 一样 吧。
Wǒ gēn Xuěqín yíyàng ba.
| 나는 쉐친과 같은 것으로요.

"我跟雪芹一样吧(나는 쉐친과 같은 것으로요)"는 "我跟雪芹一样,我也要面包,火腿和牛奶,还有巧克力(나
도 쉐친과 같이 빵, 햄, 우유, 초콜릿을 먹겠어요)"의 의미이다. "A + 跟 + B + 一样"은 'A는 B와 같다'라는
뜻이며 "A + 和 + B + 一样"라고 말할 수도 있다. 여기에서 "跟"과 "和"는 모두 개사이다.

A + 跟 / 和 + B + 一样

① 我 跟 我 爸爸 一样, 都 喜欢 早睡 早起。
Wǒ gēn wǒ bàba yíyàng, dōu xǐhuan zǎoshuì zǎoqǐ.
| 나는 아버지처럼 일찍 자고 일찍 일어나는 것을 좋아한다.

본문해설

② 这 件 衣服 跟 那件 衣服 颜色 一样，样子 不 一样。
Zhèi jiàn yīfu gēn nèi jiàn yīfu yánsè yíyàng, yàngzi bù yíyàng.
| 이 옷은 저 옷과 색깔이 같지만 모양은 다르다.

③ 甲 _ 美国 的 英语 和 英国 的 英语 一样 吗?
Měiguó de Yīngyǔ hé Yīngguó de Yīngyǔ yíyàng ma?
| 미국의 영어와 영국의 영어는 같나요?

乙 _ 差不多 一样。
Chàbuduō yíyàng.
| 거의 같아요.

3 随便의 용법

예 我 随便。
Wǒ suíbiàn.
| 나는 무엇이든 상관없어요.

"随便"은 제한을 받지 않으며 무엇을 선택하고 어떻게 결정해도 모두 된다는 것을 나타낸다. 단독으로
사용할 수 있으며 뒤에 동사를 두어 "随便 + 동사"의 형태가 될 수 있다.

① 甲 _ 你 想 吃 什么?
Nǐ xiǎng chī shénme?
| 당신 무엇을 먹고 싶어요?

乙 _ 我 随便。
Wǒ suíbiàn.
| 아무거나요.

② 甲 _ 你们 想 去哪儿玩?
Nǐmen xiǎng qù nǎr wánr?
| 당신들 어디 가서 놀고 싶어요?

乙 _ 随便 去哪儿 都 行。
Suíbiàn qù nǎr dōu xíng.
| 아무데나 가도 돼요.

150

③ 甲_ 我 不 想 去 见 他。
　　Wǒ bù xiǎng qù jiàn tā.
　　| 나는 그를 만나고 싶지 않아요.

　乙_ 去 不 去 随 你 的 便。
　　Qù bú qù suí nǐ de biàn.
　　| 가거나 말거나 당신 마음대로 하세요.

　甲_ 好 吧，那 我 不 去 了。
　　Hǎo ba, nà wǒ bú qù le.
　　| 좋아요. 그럼 나 안 갈래요.

주인이 손님을 접대할 때 다음과 같이 사용할 수 있다.

① 你 随便 吃，不要 客气。
　　Nǐ suíbiàn chī, bú yào kèqi.
　　| 마음껏 드세요. 사양하실 필요 없어요.

② 随便 一点儿，跟 在 你 家 里 一样。
　　Suíbiàn yìdiǎnr, gēn zài nǐ jiā lǐ yíyàng.
　　| 당신 집처럼 좀 편하게 하세요.

1 보기와 같이 물음에 답하세요("够"를 이용).

┤보기├

我们　两 个 人 去 就 够 了。
Wǒmen liǎng ge rén qù jiù gòu le.
│우리 두 사람이 가면 충분해요.

① 男 ＿ 我 儿子 不 够 一米 高。
Wǒ érzi bú gòu yì mǐ gāo.

女 ＿ 那 他 不用 买 票。
Nà tā búyòng mǎi piào.

问 ＿ 他 儿子 有 多 高?
Tā érzi yǒu duō gāo?

学生 ＿＿＿＿＿＿＿＿＿＿＿＿＿＿＿ 。

보충단어

● 花(钱)
[huā(qián)]
(돈을) 쓰다

② 女 ＿ 我 的 钱 不 够 买 衣服 了。
Wǒ de qián bú gòu mǎi yīfu le.

男 ＿ 你 的 钱 总是 不 够 花。
Nǐ de qián zǒngshì bú gòu huā.

问 ＿ 她 的 钱 够 不 够 买 衣服?
Tā de qián gòu bú gòu mǎi yīfu?

学生 ＿＿＿＿＿＿＿＿＿＿＿＿＿＿＿ 。

③ 男 ＿ 我 的 时间 总是 不 够 用。
Wǒ de shíjiān zǒngshì bú gòu yòng.

女 ＿ 你 真 忙。
Nǐ zhēn máng.

问 ＿ 他 的 时间 够 不 够 用?
Tā de shíjiān gòu bú gòu yòng?

学生 ＿＿＿＿＿＿＿＿＿＿＿＿＿＿＿ 。

④ 男 ＿ 这些 东西 不够 这么 多 人 吃。
Zhèixiē dōngxi bú gòu zhème duō rén chī.

女 ＿ 那 咱们 再 去 买 一点儿。
Nà zánmen zài qù mǎi yìdiǎnr.

问 ＿ 他 觉得 这些 东西 够 不 够 吃?
Tā juéde zhèixiē dōngxi gòu bú gòu chī?

学生 ＿＿＿＿＿＿＿＿＿＿＿＿＿＿＿ 。

152

2 보기와 같이 물음에 답하세요("爱"를 이용).

┤보기├

我 也 不 爱 喝 牛奶。
Wǒ yě bú ài hē niúnǎi.
│나도 우유를 잘 마시지 않는다.

① 女 ― 你 爱 吃 什么?
　　　　Nǐ ài chī shénme?

　 男 ― 我 爱 吃 牛排。
　　　　Wǒ ài chī niúpái.

　 问 ― 他 爱 吃 什么?
　　　　Tā ài chī shénme?

　 学生 ――――――――― 。

보충단어

● 牛排
[niúpái]
비프스테이크

② 男 ― 你 爱 不 爱 吃 汉堡包?
　　　　Nǐ ài bú ài chī hànbǎobāo?

　 女 ― 我 特别 爱 吃 汉堡包。
　　　　Wǒ tèbié ài chī hànbǎobāo.

　 问 ― 她 特别 爱 吃 什么?
　　　　Tā tèbié ài chī shénme?

　 学生 ――――――――――― 。

● 汉堡包
[hànbǎobāo]
햄버거

● 爱好
[àihào]
취미, 기호

③ 女 ― 我 爱 看 电影。
　　　　Wǒ ài kàn diànyǐng.

　 男 ― 我 也 爱 看 电影。
　　　　Wǒ yě ài kàn diànyǐng.

　 问 ― 他们 有 什么 爱好?
　　　　Tāmen yǒu shénme àihào?

　 学生 ――――――――――― 。

④ 男 ― 我 爸爸 爱 打 篮球。
　　　　Wǒ bàba ài dǎ lánqiú.

　 女 ― 你 妈妈 呢?
　　　　Nǐ māma ne?

　 男 ― 我 妈妈 爱 看 小说。
　　　　Wǒ māma ài kàn xiǎoshuō.

　 问 ― 他 爸爸、妈妈 有 什么 爱好?
　　　　Tā bàba、māma yǒu shénme àihào?

　 学生 ――――――――――――― 。

문형연습

3 보기와 같이 물음에 답하세요("跟……一样"을 이용).

┌─ 보기 ─────────────────────────────────────

男 — 你 跟 你 姐姐 一样，也 那么 爱 花钱。
Nǐ gēn nǐ jiějie yíyàng, yě nàme ài huāqián.
│ 당신은 언니처럼 돈 쓰는 것을 좋아하는군요.

学生 — 她 跟 她 姐姐 一样 爱 花钱。
Tā gēn tā jiějie yíyàng ài huāqián.
│ 그녀는 그녀의 언니처럼 돈 쓰기를 좋아한다.

└──

① 女 — 咱们 的 儿子 跟 你 一样，都 很 懒。
Zánmen de érzi gēn nǐ yíyàng, dōu hěn lǎn.

学生 _____ 。

② 男 — 我 哥哥 跟 我 一样，都 喜欢 运动。
Wǒ gēge gēn wǒ yíyàng, dōu xǐhuan yùndòng.

学生 _____ 。

③ 女 — 北京 跟 上海 不 一样。
Běijīng gēn Shànghǎi bù yíyàng.

男 — 北京 干燥，上海 潮湿。
Běijīng gānzào, Shànghǎi cháoshī.

学生 _____ 天气 _____ 。

④ 男 — 我 爸爸 跟 我 妈妈 不 一样。
Wǒ bàba gēn wǒ māma bù yíyàng.

女 — 什么 不 一样?
Shénme bù yíyàng?

男 — 我 爸爸 爱 说话，我 妈妈 不 爱 说话。
Wǒ bàba ài shuōhuà, wǒ māma bú ài shuōhuà.

学生 _____ 性格 _____ 。

154

十九 我请客

Wǒ Qǐng Kè

내가 한턱 낼게요

● 差	[chà]	떨어지다
● 来不及	[láibují]	시간에 대지 못하다
● 饭馆	[fànguǎn(r)]	식당, 음식점
● 请客	[qǐngkè]	손님을 초대하다, 대접하다
请	[qǐng]	초대하다
客	[kè]	손님
● 不好意思	[bù hǎo yìsi]	미안하다, 겸연쩍다
● 快餐	[kuàicān]	패스트푸드
● 又……又……	[yòu…yòu…]	～도 ～하고, ～도 ～하다
● 选	[xuǎn]	선택하다, 고르다
● 家	[jiā]	집
● 来得及	[láidejí]	시간에 댈 수 있다
● 醉	[zuì]	술 취하다

| 고유명사 |

● 韩国	[Hánguó]	한국

회화 **✳✳**

친구나 동료들이 함께 식사하고 어떻게 돈을 내는 문제를 해결할까? 중국사람은 일반적으로 어떠한 방법으로 돈을 낼까? 우리 팡쉐친과 짜오텐훠가 함께 식사하는 상황을 지켜보자.

(회의를 마치고 팡쉐친과 짜오텐훠가 회의장소에서 나온다)

赵天会 _ (시계를 보고) 差 五 分 六 点。
Chà wǔ fēn liù diǎn.

方雪芹 _ 晚上 还有会, 来不及 回 公司 吃饭 了。
Wǎnshang hái yǒu huì, láibují huí gōngsī chīfàn le.

赵天会 _ 咱们 都(去) 饭馆 吃饭 吧, 我 请客。
Zánmen dōu (qù) fànguǎnr chīfàn ba, wǒ qǐngkè.

方雪芹 _ 那 多 不好意思, 我 请 您 吧。
Nà duō bù hǎo yìsi, wǒ qǐng nín ba.

赵天会 _ 这 次 我 请 你, 下 次 你 请 我, 好 不 好?
Zhè cì wǒ qǐng nǐ, xià cì nǐ qǐng wǒ, hǎo bù hǎo?

方雪芹 _ 好 吧。
Hǎo ba.

赵天会 _ 你 喜欢 吃 什么菜, 是 四川菜、
Nǐ xǐhuan chī shénme cài, shì Sìchuāncài、

广东菜 还是 日本菜、韩国菜?
Guǎngdōngcài háishi Rìběncài、 Hánguócài?

方雪芹 _ 去 吃 快餐 吧, 又 快 又 便宜。
Qù chī kuàicān ba, yòu kuài yòu piányi.

赵天会 _ 你 不用 客气, 选 你 最 喜欢 吃 的。
Nǐ búyòng kèqi, xuǎn nǐ zuì xǐhuan chī de.

方雪芹 _ 这 附近 有 一家 四川 饭馆 挺 不错 的。
Zhè fùjìn yǒu yì jiā Sìchuān fànguǎnr tǐng bú cuò de.

赵天会 _ 好, 咱们 就 去 那儿。
Hǎo, zánmen jiù qù nàr.

본문해설

I 来得及 / 来不及

> 例 来不及 回 公司 吃 饭 了。
> Láibují huí gōngsī chī fàn le.
> | 회사로 돌아가 식사하기에는 늦었어요.

"来不及"는 '(시간에) 댈 수 없다'의 뜻이다. "来不及"의 반대는 "来得及"이다. 질문을 할 때는 "来得及 来不及?" 혹은 "来得及吗?"를 사용한다.

① 甲_ 咱们 是 几点 的 电影?
Zánmen shì jǐ diǎn de diànyǐng?
| 우리 몇 시 영화죠?

乙_ 八 点 的。
Bā diǎn de.
| 8시 거요.

甲_ 已经 差 一 刻 八 点 了, 咱们 来不及 了。
Yǐjīng chà yí kè bā diǎn le, zánmen láibují le.
| 벌써 8시 15분 전이에요. 우리 늦겠어요.

② 甲_ 应该 九 点 到 学校, 咱们 来得及 来不及?
Yīnggāi jiǔ diǎn dào xuéxiào, zánmen láidejí láibují?
| 9시까지 학교에 가야 하는데 우리 늦지 않았나요?

乙_ 现在 才 八 点, 来得及。
Xiànzài cái bā diǎn, láidejí.
| 지금 겨우 8시니 늦지 않았어요.

2 손님초대

> 例 咱们 去 饭馆 吃饭, 我 请客。
> Zánmen qù fànguǎnr chī fàn, wǒ qǐngkè.
> | 우리 음식점에 가서 식사하죠. 내가 한턱 낼게요.

"请客"는 '누군가를 대접하다'라는 뜻이다. 사람을 초대해 식사하거나 연극관람을 하는 등의 경우에 자주 사용한다. "请"을 단독으로 사용할 수도 있다.

① 甲＿ 他家里 怎么 有 那么 多 人?
　　 Tā jiā lǐ zěnme yǒu nàme duō rén?
　　｜그의 집은 어째서 그렇게 사람이 많죠?

乙＿ 今天 他 儿子 结婚, 他 家里 请客。
　　 Jīntiān tā érzi jiéhūn, tā jiā lǐ qǐngkè.
　　｜오늘 그의 아들이 결혼해서 그의 집에서 손님을 초대했어요.

② 今天 是 我 的 生日, 晚上 我 请 大家 吃饭。
　 Jīntiān shì wǒ de shēngrì, wǎnshang wǒ qǐng dàjiā chī fàn.
　｜오늘은 내 생일이라 저녁에 모두를 초대해 식사를 할 거예요.

③ 甲＿ 今天 看 电影, 不用 你 花 钱, 我 请客。
　　 Jīntiān kàn diànyǐng, búyòng nǐ huā qián, wǒ qǐngkè.
　　｜오늘 영화관람은 당신이 돈 낼 필요 없어요. 내가 낼 게요.

乙＿ 好 吧。 不过 下 次 我 请。
　　 Hǎo ba. Búguò xià cì wǒ qǐng.
　　｜좋아요. 하지만 다음은 내가 낼 거예요.

3 不好意思

㉑ 那 多 不 好 意思。
　 Nà duō bù hǎo yìsi.
　｜그럼 너무 미안합니다.

다른 사람에게 미안한 감정을 표시할 때, "不好意思(미안합니다)"라고 말할 수 있다. 다른 사람의 선물, 환대, 은혜를 받았을 때에도 사용할 수 있다.

① 真 不 好 意思, 这么 晚 来 找 你。
　 Zhēn bù hǎo yìsi, zhème wǎn lái zhǎo nǐ.
　｜정말 이렇게 늦게 당신을 찾아뵙게 되어 죄송합니다.

② 你 给 我 这么 贵 的 礼物, 真 是 不 好 意思。
　 Nǐ gěi wǒ zhème guì de lǐwù, zhēn shi bù hǎo yìsi.
　｜당신이 이렇게 비싼 선물을 주시면 내가 너무 미안하죠.

4 又 + 형용사/동사 + 又 + 형용사/동사

예 去 吃 快餐 吧, 又 快 又 便宜。
Qù chī kuàicān ba, yòu kuài yòu piányi.
| 패스트푸드점에 가죠. 빠르고 저렴하잖아요.

이 문형은 열거한 몇 가지 상황이나 상태를 동시에 갖추고 있음을 나타낸다.

① 她小 妹妹 又 聪明 又 漂亮。
Tā xiǎo mèimei yòu cōngming yòu piàoliang.
| 그녀의 어린 여동생은 똑똑하고 예쁘다.

② 他又 喝啤酒又 喝白酒, 喝醉了。
Tā yòu hē píjiǔ yòu hē báijiǔ, hē zuì le.
| 그녀는 맥주도 마시고 백주도 마셔서 술이 취했다.

③ 又 抽烟 又 喝酒, 这样 对 身体不好。
Yòu chōuyān yòu hējiǔ, zhèiyàng duì shēntǐ bù hǎo.
| 담배도 피우고 술도 마시면 건강에 좋지 않다.

5 的자구를 만드는 동사 + 的

예 选 你最喜欢 吃 的。
Xuǎn nǐ zuì xǐhuan chī de.
| 당신이 가장 좋아하는 음식을 고르세요.

"동사 + 的"는 앞서 배운 "명사/대명사 + 的", "형용사 + 的"의 형식으로 된 "的"자구와 같이 명사 역할을 할 수 있다.

| 동사 + 的

① 你说的 我 都 没 忘。
Nǐ shuō de wǒ dōu méi wàng.
| 나는 당신이 말한 것을 모두 잊지 않고 있다.

② 穿的、 用的、玩儿的, 他 都 买 有名的 牌子。
Chuānde、yòngde、 wánrde, tā dōu mǎi yǒumíng de páizi.
| 그는 옷, 생활용품, 장난감 모두 유명상표로 샀다.

문형연습

1 보기와 같이 물음에 답하세요("差"와 주어진 단어를 이용).

> ┤보기├
>
> 差 五分六点。
> Chà wǔ fēn liù diǎn.
> | 6시 5분 전이다.

① 甲 _ 现在 几点 了?
　　Xiànzài jǐ diǎn le?

　学生 ＿＿＿＿＿＿＿＿ 。(6:57)

보충단어

● 千
[qiān]
천

② 甲 _ 你是 几点 到 展览 中心 的?
　　Nǐ shì jǐ diǎn dào Zhǎnlǎn Zhōngxīn de?

　学生 ＿＿＿＿＿＿＿＿＿＿ 。(7:50)

● 房子
[fángzi]
집

③ 甲 _ 同学们 都 到 了 吗?
　　Tóngxuémen dōu dào le ma?

　学生 ＿＿＿＿＿＿＿＿＿ 。(一个没来 yí ge méi lái)

● 万
[wàn]
만

④ 男 _ 你买 汽车 还 差 多少 钱?
　　Nǐ mǎi qìchē hái chà duōshao qián?

　学生 ＿＿＿＿＿＿＿＿＿＿ 。(八千快 bā qiān kuài)

⑤ 学生 ＿＿＿＿＿＿＿＿＿＿ ?(买房子 mǎi fángzi)

　男 _ 还 差一 万 块 钱。
　　Hái chà yí wàn kuài qián.

2 보기와 같이 물음에 답하세요("来得及 / 来不及"를 이용).

> ┤보기├
>
> 来不及 回 公司 吃饭 了。
> Láibují huí gōngsī chī fàn le.
> | 회사로 돌아가 식사하기에는 늦었어요.

① 女 _ 时间 快 到 了。
Shíjiān kuài dào le.

男 _ 咱们 来不及 参观 别的 地方 了。
Zánmen láibují cānguān biéde dìfang le.

问 _ 他们 来得及 参观 别的 地方 吗?
Tāmen láidejí cānguān biéde dìfang ma?

学生 _____ 。

② 男 _ 你 什么 时候 离开 北京?
Nǐ shénme shíhou líkāi Běijīng?

女 _ 明天 早上, 我 来不及 和 朋友们 告别 了。
Míngtiān zǎoshang, wǒ láibují hé péngyoumen gàobié le.

问 _ 她 来得及 和 朋友们 告别 吗?
Tā láidejí hé péngyoumen gàobié ma?

学生 _____ 。

3 보기와 같이 물음에 답하세요("不好意思"를 이용).

┤보기├
那 多 不 好 意思。
Nà duō bù hǎo yìsi.
│그럼 너무 미안합니다.

① 男 _ 我 帮 你 拿 行李。
Wǒ bāng nǐ ná xíngli.

学生 _____ 。

男 _ 没 什么。
Méi shénme.

② 女 _ 你 是 第一 次 来 北京, 我 去 机场 接 你 吧。
Nǐ shì dì yí cì lái Běijīng, wǒ qù jīchǎng jiē nǐ ba.

学生 _____ 。

보충단어

● 离开
[líkāi]
떠나다

● 告别
[gàobié]
이별하다

● 行李
[xíngli]
짐

● 机场
[jīchǎng]
공항

문형연습 **

③ 男 — 小 王 总是 不 完成 他的 工作。
Xiǎo Wáng zǒngshì bù wánchéng tā de gōngzuò.

学生 _____ 。

4 보기와 같이 물음에 답하세요("又……又……" 와 주어진 단어를 이용).

┤보기├

又 快 又 便宜。
Yòu kuài yòu piányi.

| 빠르고 저렴하다.

① 女 — 糖醋鱼 是 什么 味道?
Tángcùyú shì shénme wèidao?

学生 _____ 。(甜 tián, 酸 suān)

② 男 — 小 王 的 女朋友 怎么样?
Xiǎo Wáng de nǚpéngyou zěnmeyàng?

学生 — 他 的 女朋友 非常 好, _____ 。(聪明、善良)
Tā de nǚpéngyou fēicháng hǎo, _____ . (cōngming、shànliáng)

┌─ 보충단어 ─┐

● 完成 [wánchéng] 완성하다　● 糖醋鱼 [tángcùyú] 탕추위　　糖 [táng] 설탕
　醋 [cù] 식초　　　　　　　　　鱼 [yú] 생선, 물고기　　● 味道 [wèidao] 맛
● 甜 [tián] 달다　　　　　　　● 善良 [shànliáng] 선량하다

二十 你点菜
Nǐ Diǎn Cài
당신 주문하세요

● 点菜	[diǎncài]	(음식을) 주문하다
● 辣	[là]	맵다
● 辣子鸡丁	[làzijīdīng]	라쯔지띵
● 麻婆豆腐	[mápódòufu]	마파두부
豆腐	[dòufu]	두부
● 香菇油菜	[xiānggūyóucài]	표고버섯유채
香菇	[xiānggū]	표고버섯
油菜	[yóucài]	유채
● 酸辣汤	[suānlàtāng]	쑤안라탕
酸	[suān]	시다
● 主食	[zhǔshí]	주식
● 碗	[wǎn]	그릇
● 饮料	[yǐnliào]	음료
● 椰汁	[yēzhī(r)]	야자주스
● 扎啤	[zhāpí]	생맥주
● 副食	[fùshí]	부식
● 节目	[jiémù]	프로그램

회화 　　　　　　　　　　　　　　　 **

음식점에서 식사를 할 때 어떻게 주문을 할까? 우리 짜오텐휘와 팡쉐친이 음식을 주문하는 상황을 지켜보고 몇 가지 일반적인 요리에 대해 간단하게 배워보자.

(음식점에서 종업원이 짜오텐휘와 팡쉐친에게 메뉴판을 건넨다)

赵天会 _ 小 方，你 点菜。
Xiǎo Fāng, nǐ diǎn cài.

方雪芹 _ 您 点 吧，我 吃 什么 都 可以。
Nín diǎn ba,　wǒ chī shénme dōu kěyǐ.

赵天会 _ 那好，我 来点。你 喜欢 吃 辣 的 吗?
Nà hǎo,　wǒ lái diǎn.　Nǐ xǐhuan chī là de ma?

方雪芹 _ 我 特别 喜欢 吃 辣 的。
Wǒ tèbié xǐhuan chī là de.

赵天会 _ 那 来 一 个 辣子鸡丁，一个 麻婆豆腐，
Nà lái yí ge làzijīdīng,　yí ge mápódòufu,

一个 香菇油菜，怎么样?
yí ge xiānggūyóucài, zěnmeyàng?

方雪芹 _ 挺 好 的。
Tǐng hǎo de.

服务员 _ 还 要 别的 吗?
Hái yào biéde ma?

方雪芹 _ 有 酸辣汤 吗?
Yǒu suānlàtāng ma?

服务员 _ 有。主食 吃 什么?
Yǒu. Zhǔshí chī shénme?

赵天会 _ 两 碗 米饭。
Liǎng wǎn mǐfàn.

服务员 _ 要 什么 饮料?
Yào shénme yǐnliào?

方雪芹 _ 我 要 一 个 椰汁。
Wǒ yào yí ge yēzhīr.

赵天会 _ 我 要 一 个 扎啤。
Wǒ yào yí ge zhāpí.

본문해설 ******

Ⅰ 사람 + 来(+ 동작)

　　例 我 来 点
　　　　Wǒ lái diǎn.
　　　　| 내가 주문하죠.

"사람 + 来 (+ 동작)"은 어떤 사람이 어떤 행위를 하려고 함을 나타낸다. 동작을 수행하는 사람이 동작을 완성하겠다는 의지가 있다는 것을 강조한다.

① 我 打 得 不 好, 你 来 打 吧。
　　Wǒ dǎ de bù hǎo, nǐ lái dǎ ba.
　　| 나는 잘 치지 못하니 당신이 치세요.

② 甲＿ 给 我 姐姐 买 什么 礼物 呢?
　　　　Gěi wǒ jiějie mǎi shénme lǐwù ne?
　　　　| 내 누나에게 무슨 선물을 사서 주죠?

　　乙＿ 我 来 帮 你 选 礼物 吧。
　　　　Wǒ lái bāng nǐ xuǎn lǐwù ba.
　　　　| 내가 당신 선물 고르는 걸 도와드리죠.

③ 你 来 介绍 一下 吧。
　　Nǐ lái jièshào yíxià ba.
　　| 당신이 소개시켜 주세요.

2 음식이름

　　例 那 来 一个 辣子鸡丁, 一 个 麻婆豆腐, 一个 香菇油菜。
　　　　Nà lái yí ge làzijīdīng, yí ge mápódòufu, yí ge xiānggūyóucài.
　　　　| 그럼 라쯔지띵 하나, 마파두부 하나, 표고버섯유채 하나 주세요.

'라쯔지띵'은 닭고기를 잘게 썰어서 고춧가루 등의 양념으로 볶아서 만든 요리이다.
'마파두부'는 두부, 고춧가루, 산초가루를 볶아서 만든 요리로 맛이 얼얼하고 맵다.
'표고버섯유채'는 유채와 표고버섯으로 만든 요리이며 맛이 담백하다.
'쑤안라탕'은 이름 그대로 신맛이 약간 있으면서 매운 맛도 나는 탕이다. 안에 어떤 야채와 조미료를 넣느냐에 따라 각 지방별로 조금씩 차이가 있다.

본문해설 **✳✳**

3 구체적인 의미를 대체하는 来

🎯 那 来 一 个 辣子鸡丁⋯⋯
Nà lái yí ge làzijīdīng⋯
| 그럼 라쯔지띵 하나 주세요.

여기에서 "**来**"는 어떤 동작을 수행하는 것이며, 보다 구체적인 의미를 가진 동사 "**要**"를 대신한다.

① 甲_ 你 想 喝 什么?
Nǐ xiǎng hē shénme?
| 당신은 무엇을 마시고 싶어요?

乙_ 我 来 一 杯 茶 吧。(我 要 一 杯 茶 吧。)
Wǒ lái yì bēi chá ba. (Wǒ yào yì bēi chá ba.)
| 나는 차 한 잔 주세요.

② 甲_ 你 唱 得 真 好, 再 来 一 个 吧。
Nǐ chàng de zhēn hǎo, zài lái yí ge ba.
| 당신 노래 정말 잘 부르시네요. 한 곡 더 하세요.

(你 唱 得 真 好, 再 唱 一 个 吧。)
(Nǐ chàng de zhēn hǎo, zài chàng yí ge ba.)

乙_ 不 行, 我 唱 得 不 好, 你 来 一 个 吧。
Bù xíng, wǒ chàng de bù hǎo, nǐ lái yí ge ba.
| 안 돼요. 나는 잘 부르지 못해요. 당신이 한 곡 하세요.

(不 行, 我 唱 得 不 好, 你 唱 一 个 吧。)
(Bù xíng, wǒ chàng de bù hǎo, nǐ chàng yí ge ba.)

본문
해석

문형연습
해답

본문해석

1 您要剪什么发型?

미용사 　아가씨, 커트를 하실 건가요 아니면 파마를 하실 건가요?

팡쉐친 　커트해 주세요. 얼마예요?

미용사 　25 위엔이에요. 앉으세요.

미용사 　아가씨, 어떤 헤어스타일로 자를까요?

팡쉐친 　이 헤어스타일로 잘라 주세요.

남자아이 나 머리 깎는 거 싫어.

엄마 　　안 돼.

남자아이 나는 머리 기를 거야.

엄마 　　너는 머리를 기르면 안 돼.

남자아이 왜? 왜 안 되는데?

2 男孩儿应该留短头发

남자아이 왜 여자아이는 머리를 길게 길러도 되고 남자아이는 기르면 안 돼요?

엄마 　　너는 왜 머리를 기르고 싶은데?

남자아이 긴 머리가 멋있어 보이잖아요.

엄마 　　남자아이는 머리를 짧게 해야 해.

남자아이 왜요?

엄마 　　왜냐하면 너는 남자니까.

미용사 　어때요?

팡쉐친 　여기가 좀 길어요. 다시 잘라 주세요.

미용사 　지금은 어때요?

팡쉐친 　아주 좋아요. 고마워요.

3 这件衣服怎么样?

팡쉐친 　봐, 이 옷 어때?

리원룽 　스타일이 별로 예쁘지 않아.

팡쉐친 　난 겨울에 입을 옷을 사야해.

리원룽 　봐, 저 옷 스타일이 괜찮은데.

팡쉐친 　나는 저런 색 싫어.
　　　　아가씨, 저 옷 다른 색깔 있어요?

판매원 　있죠. 빨간색, 흰색, 회색이 있어요.

팡쉐친 　빨간색 옷을 한 번 입어봐도 될까요?

판매원 　사이즈 몇 입으세요?

팡쉐친 　중간 사이즈요.

판매원 　탈의실은 저쪽이예요.

팡쉐친 　고마워요.

4 这种鞋有 42 号的吗?

리원룽 　아가씨, 이런 신발 42 호 사이즈 있어요?

판매원 　있어요. 어떤 색깔을 원하시죠?

리원룽 　갈색이요.

판매원 　갈색은 이미 다 팔리고 없어요. 검정색이 남았어요.

판매원 　이런 종류는 갈색이 있어요.

팡쉐친 　아주 멋있는데.

리원룽 　좋아, 한번 신어볼까.

팡쉐친 　어때? 맞아?

리원룽 　좀 작아. 좀더 큰 것 있어요?

판매원 　이것을 좀 신어보세요.

리원룽 　이것도 맞지 않아요.

팡쉐친 　우리 다른 곳에 가서 보자.

리원룽 　고맙습니다.

5 你会打乒乓球吗?

아버지	좋아, 잘 치는데.
리원롱	저 사람은 아주 유명한 선수죠.
아버지	몇 살인데?
리원롱	21 살이요.
아버지	너는 탁구 칠 줄 아니?
리원롱	할 줄은 아는데 잘하진 못해요.
아버지	자주 치니?
리원롱	자주 쳐요. 제일 좋아하시는 운동은 무엇이죠?
아버지	탁구를 제일 좋아하지. 너는?
리원롱	저도 그래요.

6 我想学太极拳

팡쉐친	아빠, 저 태극권 배우고 싶어요.
아버지	그래?
팡쉐친	시간 나시면 저에게 태극권 가르쳐 주세요.
아버지	좋지.
팡쉐친	아빠, 태극권은 배우기 어려워요?
아버지	어렵진 않지만 의지력이 있어야 하지.
팡쉐친	얼마나 해야 배울 수 있죠?
아버지	2, 3 개월 정도.
팡쉐친	아빠, 저 내일부터 시작할게요.
아버지	좋아, 지금 당장 시작하자.
팡쉐친	아빠는 정말 좋은 선생님이세요.

7 附近哪儿有公用电话?

팡쉐친	실례지만 근처 어디에 공중전화가 있나요?
지나가는 사람	앞쪽 백화점 내에 있어요.
팡쉐친	실례지만 여기에서 전화카드 팔아요?
점원	팔아요.
팡쉐친	한 장에 얼마죠?
점원	20 위엔, 50 위엔, 100 위엔 세 종류가 있어요.
팡쉐친	20 위엔 하나 주세요. 수수료를 받나요?
점원	받지 않아요.
팡쉐친	여기 돈이요.
점원	딱 맞아요.
팡쉐친	고마워요.

8 请你十分钟以后再打

띵루루의 동료	여보세요.
팡쉐친	여보세요. 실례지만 띵루루 좀 바꿔 주세요.
띵루루의 동료	그녀는 지금 부재중인데요. 10분 후에 다시 전화 주시겠어요?
팡쉐친	그러죠. 고마워요.
띵루루의 동료	잠깐만요. 끊지 마세요. 그녀가 지금 돌아왔어요. 루루, 당신 전화에요.
띵루루	고마워요. 여보세요.
팡쉐친	여보세요. 루루, 나 쉐친이야.
띵루루	내가 네 사무실로 전화했었는데 자리에 없더라.
팡쉐친	무슨 일로 나를 찾았어?
띵루루	이번 주말에 우리 향산에 같이 놀러 가는 거 어때?
팡쉐친	향산에 가자고? 좋아. 나와 원롱도 마침 향산에 가고 싶었거든.
띵루루	그래? 그거 너무 잘됐다! 토요일에

가는 거 어때?

팡쉐친   토요일? 좋아. 그럼 약속한 거다.

띵루루   약속했어.

9   师傅，去太阳公司

팡쉐친   아저씨, 타이양 회사로 가 주세요.

운전기사   타이양 회사가 어디에 있죠?

팡쉐친   컨퍼런스 센터 근처에 있어요.

운전기사   컨퍼런스 센터 근처라고요, 어떻게 가죠?

팡쉐친   삼환로로 가세요.

팡쉐친   기사 아저씨, 차 좀 세워 주세요.

운전기사   죄송한데, 교차로에서는 차를 세울 수 없어요.

팡쉐친   기사 아저씨, 차를 육교 아래에 세워 주실 수 있어요?

운전기사   그러죠.

팡쉐친   잠깐만요, 뭐 좀 사 가지고 올게요.

10   请开一张发票

운전기사   컨퍼런스 센터에 도착했는데 어떻게 가죠?

팡쉐친   앞으로 계속 가다가 교차로에서 좌회전하세요.

운전기사   아직 멀었어요?

팡쉐친   안 멀어요. 대략 2,3분 정도만 더 가면 돼요.

팡쉐친   아무래도 길을 잘못 들어선 것 같네요. 기사 아저씨, 차 좀 세워 주세요. 내려서 물어 볼게요.

팡쉐친   우리 잘못 왔네요. 다시 돌아가야 해요.

운전기사   되돌아간다고요?

팡쉐친   네, 두 번째 교차로에서 우회전하세요.

팡쉐친   기사 아저씨, 번거롭게 해드려 정말 죄송해요.

운전기사   괜찮습니다.

팡쉐친   바로 여기예요. 아저씨, 차 세워 주세요.

운전기사   27 위엔 2 마오입니다.

팡쉐친   영수증 한 장 발행해 주세요.

11   我哥来信了

팡쉐친   아빠, 엄마, 오빠한테서 편지가 왔어요.

어머니   어째서 이제야 편지를 했담?

팡쉐친   오빠가 최근에 이사를 했어요.

어머니   그 아이가 뭐라고 해요?

아버지   새 집주인이 자기에게 아주 잘 해준다는군.

팡쉐친   오빠가 담배를 끊었어요.

아버지   잘됐네. 젊은 사람은 담배를 피워선 안 돼. 담배는 건강에 해로워.

어머니   흡연이 노인 건강에는 이롭나요?

아버지   그야 아니지. 나도 해로운지 알아. 하지만 때론 아주 피고 싶어서 어쩔 수가 없어.

12   他参观了很多名胜古迹

팡쉐친   오빠가 이미 그 곳 생활에 습관이 되

	었데요.
아버지	일찍 자고 일찍 일어나는 습관도 길렀다는군.
어머니	그 곳 음식에는 습관이 되었다던?
팡쉐친	치즈를 빼고는 다른 음식은 다 잘 먹는데요.
아버지	아들 녀석이 친구를 많이 알게 되었데.
팡쉐친	그 친구들이 자기에게 잘 대해 주고 항상 도와준데요.
아버지	지난달에는 유럽 남부 몇몇 나라를 갔었다는군.
팡쉐친	오빠가 명승지와 옛 유적지들을 많이 참관했데요.
어머니	또 무슨 다른 말은 없어요?
아버지	집이 그립다고 하네.
팡쉐친	오빠는 특히 엄마가 그리울 거예요. 엄마가 만들어준 음식도 그리워 배가 고플 거예요.

13 送什么礼物好呢?

리원롱	다음달에 우리 누나가 결혼해.
팡쉐친	누나에게 선물 했니?
리원롱	아직 안 했어. 네 생각에 무슨 선물을 주면 좋을 것 같니?
팡쉐친	그녀는 무엇을 좋아하는데?
리원롱	그녀는 무엇이든 다 좋아해.
팡쉐친	그럼 우리 먼저 좀 둘러보자.
리원롱	저 시계 봐봐! 모양이 재미있게 생겼다. 아가씨, 저 시계 좀 봐도 될까요?
판매원	이거요?
리원롱	아니요. 오른쪽의 저거요.
팡쉐친	누나에게 이 시계 선물하려고?

리원롱	그래.
팡쉐친	선물할 때 시계는 주는 것이 아니야.
리원롱	왜?
팡쉐친	시계는 불길하잖아.

14 请你给我包一下

팡쉐친	네 누나 음악 듣는 거 좋아하니?
리원롱	좋아해.
팡쉐친	그녀는 클래식을 좋아하니 아니면 유행가를 좋아하니?
리원롱	모두 좋아해. 하지만 내 생각에 그녀는 클래식을 더 좋아할 것 같아.
팡쉐친	그럼 그녀에게 음악 VCD 한 세트 선물해. 클래식으로.
리원롱	응, 좋은 생각이다.
팡쉐친	이 VCD 세트는 어떠니?
리원롱	응, 괜찮다. 내 생각에 그녀는 분명 만족할 것 같아.
리원롱	아가씨, 이 VCD 세트 주세요.
판매원	네, 포장해 드릴까요?
리원롱	포장해 주세요. 이것은 다른 사람에게 줄 결혼선물이거든요.
판매원	그러세요.

15 昆明比北京凉快

텐홍깡	여러분 안녕하세요! 제가 돌아왔어요.
양리	맛있는 거 가져왔어요?
텐홍깡	당연히 가져왔지요. 오늘 베이징은 어쩜 이렇게 덥죠?

양리	쿤밍 날씨는 어때요?
텐홍깡	베이징보다 시원해요.
팡쉐친	그거 좋겠다.
텐홍깡	하지만 베이징보다 습하고 거의 매일 비가 와요.
팡쉐친	매일 비가 온다구요? 나는 그런 날씨 싫어요.
텐홍깡	당신은 눈오는 걸 좋아하죠?
팡쉐친	당신이 어떻게 알죠?
텐홍깡	당신의 이름이 팡쉐친(方雪芹) 이잖아요.

16 我希望星期六不下雨

팡쉐친	아빠, 엄마, 저 돌아왔어요.
어머니	밖은 어떠니, 더워?
팡쉐친	너무 더워요.
어머니	어서 가서 샤워하렴.
아버지	내일은 29도라 시원할 거야.
어머니	내일을 어째서 그렇게 시원하죠?
아버지	내일은 비가 올거래.
팡쉐친	토요일에도 비가 와요?
아버지	아직 모르지. 오늘은 수요일이잖아.
팡쉐친	토요일에는 비가 안 왔으면 좋을 텐데.
어머니	토요일에 무엇을 할려고?
팡쉐친	몇몇 친구들과 만리장성으로 놀러가려고요.
아버지	쉐친아, 내 안경은 다 고쳤니?
팡쉐친	어머나! 제가 깜빡했어요.

17 我给你们照张相

팡쉐친	보세요. 이곳 경치가 너무 아름답네요.

양리	당신들 거기 서요. 내가 사진 찍어줄게요.
팡쉐친	내 사진기를 쓰세요.
양리	좋아요. 좀 웃어요. 치예쯔.
리원롱	내가 여러분에게 사진 한 장 찍어드릴게요.
짜오텐휘	다 함께 한 장 찍어요. 죄송하지만 저희 사진 좀 찍어주시겠어요?
행인	그러죠. 준비하세요. 하나, 둘, 셋. 됐어요.
짜오텐휘	고맙습니다.
행인	천만에요.
짜오텐휘	아, 필름을 다 찍었네. 필름을 사러 가야겠어요.
팡쉐친	때마침 나도 배가 고프던 참인데, 우리 식사하러 가죠.
양리	좋아요. 가죠.

18 饿死了

팡쉐친	배고파 죽겠어요.
양리	나는 목말라 죽겠어요.
짜오텐휘	당신들은 여기에서 쉬세요. 내가 가서 음식을 사올게요.
리원롱	라오 짜오, 내가 당신과 함께 갈게요.
팡쉐친	나도 갈래요.
짜오텐휘	당신들은 쉬세요.
리원롱	맞아요. 우리 둘이면 충분해요.
짜오텐휘	당신들 뭐 먹을거죠?
팡쉐친	나는 빵, 햄과 우유하고 초콜릿을 먹겠어요.
짜오텐휘	당신은요?
양리	나도 쉐친과 같은 것으로요.

짜오텐휘	당신도 초콜릿을 먹을 건가요?
양리	아, 나는 초콜릿은 필요 없어요. 우유도 마시기 싫으니 생수를 마실래요.
짜오텐휘	원롱, 당신은요?
리원롱	아무거나요.

19 我请客

짜오텐휘	6시 5분 전이네.
팡쉐친	저녁에 또 회의가 있으니 회사로 돌아가 식사하기에는 늦었어요.
짜오텐휘	우리 음식점에 가서 식사하죠. 내가 낼게요.
팡쉐친	그럼 너무 미안해서요. 내가 살게요.
짜오텐휘	이번에는 내가 내고 다음에 당신이 내는 게 어때요?
팡쉐친	좋아요.
짜오텐휘	당신 무슨 음식 좋아해요. 사천요리, 광동요리 아니면 일본요리, 한국요리?
팡쉐친	패스트푸드점으로 가요. 빠르고 저렴하잖아요.
짜오텐휘	예의차릴 필요 없어요. 당신이 가장 좋아하는 음식으로 골라요.
팡쉐친	이 부근에 사천음식점이 있는데 아주 괜찮아요.
짜오텐휘	좋아요. 우리 거기로 가요.

20 你点菜

짜오텐휘	샤오 팡, 당신이 음식 주문하세요.
팡쉐친	당신이 하세요. 저는 아무거나 다 좋

	거든요.
짜오텐휘	그럼 좋아요. 내가 하죠. 당신 매운 거 좋아해요?
팡쉐친	난 매운 걸 특히 좋아해요.
짜오텐휘	그럼 라쯔지띵 하나, 마파두부 하나, 표고버섯유채 하나를 시키는 거 어때요?
팡쉐친	아주 좋아요.
종업원	다른 거 더 필요하세요?
팡쉐친	쑤안라탕 있어요?
종업원	있어요. 주식은 무엇으로 하시겠어요?
짜오텐휘	밥 두 공기 주세요.
종업원	무슨 음료로 하실거죠?
팡쉐친	나는 야자주스로 할게요.
짜오텐휘	나는 생맥주 주세요.

문형연습 해답

1

① (1) 남 : 나는 비누 하나를 사고 싶다.

학생 : 그는 비누를 하려고 하는가 아니면 향수를 사려고 하는가?

他是要买香皂还是要买香水儿?

답 : 그는 비누를 사고 싶어 한다.

(2) 여 : 나는 이 상표 향수를 좋아해요.

학생 : 그녀는 이 상표 향수를 좋아하는가 아니면 저 상표 향수를 좋아하는가?

她是喜欢这个牌子的香水儿还是那个牌子的香水儿?

답 : 그녀는 이 상표 향수를 좋아한다.

(3) 남 : 은행은 9시에 문을 열지 8시에 문을 열지는 않는다.

학생 : 은행은 9시에 문을 여는가 아니면 8시에 문을 여는가?

银行是九点开门，还是八点开门?

답 : 은행은 9시에 문을 연다.

② (1) 여 : 오늘 당신을 무엇을 하고 싶나요?

남 : 나는 여전히 영화를 보고 싶어요.

질문 : 오늘은 그는 무엇을 하고 싶어 하는가?

학생 : 그는 여전히 영화를 보고 싶어 한다.

他还想看电影。

(2) 남 : 당신은 어디에 가고 싶어요, 공원 아니면 체육관?

여 : 나는 체육관에 가고 싶지 않고 그래도 공원에 가고 싶어요.

질문 : 그녀는 어디에 가고 싶어 하는가?

학생 : 그녀는 그래도 공원에 가고 싶어 한다.

她还想去公园。

(3) 여 : 어디에서 만날까요?

남 : 전처럼 북해공원에서 만나는 거 어때요?

여 : 그러죠.

질문 : 그들은 어디에서 만나는가?

학생 : 그들은 여전히 북해공원에서 만난다.

他们还在北海公园见面。

2

① (1) 여 : 나는 머리를 염색해야 해요.

남 : 당신은 염색을 하면 안 돼요.

여 : 나는 염색하고 싶어요.

질문 : 그녀는 무엇을 해서는 안 되는가?

학생 : 그녀는 염색을 하면 안 된다.
她不应该染头发。

(2) 남 : 나는 수염을 깎고 싶지 않고 기르고 싶은데요.
여 : 당신은 수염을 깎아야 해요.
남 : 나는 수염을 기르고 싶어요.
질문 : 그는 무엇을 하기 싫어하는가?
학생 : 그는 수염을 깎고 싶지 않고 기르고 싶어 한다.
他不愿意刮胡子，他要留胡子。

(3) 남 : 당신의 머리는 드라이어로 말려야 해요.
여 : 나는 머리를 말리고 싶지 않아요.
질문 : 그녀는 무엇을 하기 싫어하는가?
학생 : 그녀는 머리를 말리고 싶어 하지 않는다.
她不愿意吹头发。

② (1) 여 : 이 향수는 어때요?
남 : 향이 좀 좋지 않은 것 같아요.
질문 : 그는 그 향수가 어떠하다고 생각하는가?
학생 : 그는 그 향수의 향이 별로 좋지 않다고 생각한다.
他觉得那香水儿有点儿臭。

(2) 남 : 샤오 왕의 키가 어떤가요?
여 : 샤오 왕의 키는 조금 작아요.

질문 : 그녀는 샤오 왕의 키가 어떠하다고 생각하는가?
학생 : 그녀는 샤오 왕의 키가 조금 작은 편이라고 생각한다.
她觉得小王个子有点儿矮。

(3) 남 : 샤오 짜오의 키는 어떤가요?
여 : 샤오 짜오의 키는 조금 커요.
질문 : 그녀는 샤오 짜오의 키가 어떠하다고 생각하는가?
학생 : 그녀는 샤오 짜오의 키가 조금 크다고 생각한다.
她觉得小赵个子有点儿高。

3

① (1) 판매사원 : 당신은 사이즈 몇 신으세요?
갑 : 나는 25호 사이즈를 신어요.
학생 : 그는 사이즈가 몇인 양말을 신나요?
他穿多大的袜子？
대답 : 그녀는 25호 사이즈의 양말을 신어요.

(2) 판매사원 : 당신은 사이즈 몇 쓰시죠?
갑 : 나는 큰 사이즈를 써요.
학생 : 그는 사이즈 몇인 모자를 쓰시죠?
他戴多大的帽子？
대답 : 그는 큰 사이즈의 모자를 써요.

(3) 판매사원 : 당신은 사이즈 몇 끼시죠?

갑 : 나는 작은 사이즈요.

학생 : 그는 사이즈 몇인 장갑을 끼시죠?

他戴多大的手套?

대답 : 그는 작은 사이즈의 장갑을 껴요.

② (1) 여 : 나는 남색을 그리 좋아하지 않아요.

남 : 당신은 연한 남색 치마를 입으면 예뻐 보여요.

학생 : 그녀는 연한 남색 치마를 입으면 예뻐 보인다.

她穿浅蓝色的裙子很好看。

(2) 남 : 내가 이 노란 바지를 입으면 어울려요?

여 : 그리 어울리지 않아요.

학생 : 그는 노란 바지를 입으면 어울리지 않는다.

他穿黄色的裤子不太合适。

(3) 여 : 내가 이 분홍색 모자를 쓰면 어울려요?

남 : 그리 어울리지 않아요.

학생 : 그녀는 분홍색 모자를 쓰면 어울리지 않는다.

她戴粉红色的帽子不太合适。

4

① (1) 을 : 나는 많이 마른 편인데, 이 바지 좀더 작은 거 있어요?

질문 : 그는 무엇을 필요로 하는가?

학생 : 그는 좀더 작은 바지를 원한다.

他想要瘦一点儿的裤子。

(2) 갑 : 이 옷 색깔이 너무 진해요. 색깔이 좀더 옅은 거 있나요?

질문 : 그녀는 무엇을 필요로 하는가?

학생 : 그녀는 색깔이 좀더 옅은 옷을 원한다.

她想要颜色浅一点儿的衣服。

(3) 을 : 이 신발 색깔은 너무 옅어요. 색깔이 좀더 진한 거 있나요?

질문 : 그는 무엇을 필요로 하는가?

학생 : 그는 색깔이 좀더 진한 신발을 원한다.

他想要颜色深一点儿的鞋。

(4) 갑 : 이 오렌지는 너무 비싸요. 좀더 싼 거 있나요?

질문 : 그녀는 무엇을 필요로 하는가?

학생 : 그녀는 좀더 싼 오렌지를 원한다.

她想要便宜一点儿的橙子。

5

① (1) 남 : 당신은 수영할 줄 알아요?
여 : 알아요.
질문 : 그녀는 수영을 할 줄 아는가?
학생 : 그녀는 수영할 줄 안다.
她会游泳。

(2) 여 : 당신은 축구를 찰 줄 알아요?
남 : 찰 줄 몰라요.
질문 : 그는 축구를 찰 줄 아는가?
학생 : 그는 축구를 찰 줄 모른다.
他不会踢足球。

(3) 남 : 당신은 춤을 출 줄 알아요?
여 : 출 줄 몰라요.
질문 : 그녀는 춤을 출 줄 아는가?
학생 : 그녀는 춤을 출 줄 모른다.
她不会跳舞。

(4) 여 : 당신은 농구를 할 줄 압니까?
남 : 그리 잘 하지는 못해요.
질문 : 그는 농구를 할 줄 아는가?
학생 : 그는 농구를 그리 잘 하지 못한다.
他不太会打篮球。

(5) 남 : 당신은 불어를 할 줄 압니까?
여 : 조금 할 줄 알아요.
질문 : 그녀는 불어를 할 줄 아는가?
학생 : 그녀는 불어를 조금 할 줄 안다.
她会说一点儿法语。

② (1) 여 : 나는 노래하기를 좋아하고 잘 불러요.
질문 : 그녀는 자신이 노래를 어떻게 한다고 말했는가?
학생 : 그녀는 자신이 노래를 잘 한다고 말했다.
她说她歌唱得不错。

(2) 남 : 나는 자주 테니스를 치며 아주 잘 합니다.
질문 : 그는 자신이 테니스를 어떻게 한다고 말했는가?
학생 : 그는 자신이 테니스를 아주 잘 한다고 말했다.
他说他网球打得挺不错的。

(3) 남 : 나는 달리기를 좋아하지만 빨리 달리지는 못합니다.
질문 : 그는 자신의 달리기가 어떻다고 말했는가?
학생 : 그는 달리기를 좋아하지만 빨리 달리지는 못한다고 말했다.
他说他跑步跑得不快。

(4) 여 : 나는 운전은 할 줄 알지만 잘 하지는 못해요.
질문 : 그녀는 자신이 운전을 어떻게 한다고 말했는가?
학생 : **她说她开车开得不好。**
그녀는 자신이 운전을 잘하지 못한다고 말했다.

6

① (1) 여 : 나는 어렸을 때 자전거타기를 제일 좋아했어요.

질문 : 그녀가 어렸을 때 무엇을 제일 좋아했는가?

학생 : 그녀는 어렸을 때 자전거타기를 제일 좋아했다.

她小的时候最喜欢骑自行车。

(2) 남 : 내가 6,7 살 때부터 바로 테니스를 시작했어요.

질문 : 그는 몇 살 때부터 테니스를 시작했는가?

학생 : 그는 6,7 살 때부터 바로 테니스를 시작했다.

他六七岁的时候就开始打网球了。

(3) 여 : 나는 피곤할 때 유난히 음악이 듣고 싶어요.

질문 : 그녀는 피곤할 때 무엇하기를 특히 좋아하는가?

학생 : 그녀는 피곤할 때 음악 듣는 걸 특히 좋아한다.

她累的时候特别想听音乐。

(4) 남 : 나는 물건을 살 때 가격 흥정하는 것을 제일 싫어합니다.

질문 : 그는 물건을 살 때 무엇하기를 제일 싫어하는가?

학생 : 그는 물건을 살 때 가격 흥정하는 것을 제일 싫어한다.

他买东西的时候最讨厌讲价。

② (1) 남 : 나는 5살에 수영을 익혔어요.

질문 : 그는 어릴 적에 수영을 익혔는가?

학생 : 그렇다. 그는 5 살에 수영을 익혔다.

对。他五岁就学会游泳了。

(2) 여 : 나는 오늘 아침 7 시 반에 바로 왔어요.

질문 : 그녀는 오늘 일찍 왔는가?

학생 : 일찍 왔다. 그녀는 오늘 아침 7 시 반에 바로 왔다.

早。她今天早上七点半就来了。

(3) 남 : 나는 다음주에 바로 광저우로 돌아가야 해요.

질문 : 그는 베이징에서 오랫동안 머물러 있을 수 있는가?

학생 : 그럴 수 없다. 그는 다음주에 바로 광저우로 돌아가야 한다.

不能。他下个星期就得回广州。

(4) 여 : 나는 매일 아침 5 시면 일어나요.

질문 : 그녀는 매일 일찍 일어나는가?

학생 : 그녀는 일찍 일어난다. 그녀는 매일 아침 5 시면 일어난다.

她起得早。她每天早上
五点就起床。

7

① (1) 여 : 짜오 선생님의 전화번호가 몇
　　 번이죠?
　　 남 : 당신 무엇 하려고요?
　　 여 : 그에게 전화를 걸려고요.
　　 질문 : 여자는 무엇을 하려고 하는
　　　　　가?
　　 학생 : 그녀는 짜오 선생님에게 전화
　　　　　를 걸려고 한다.
　　　　　她要给赵先生打电话。

　 (2) 남 : 잠시 기다리세요. 내가 전화
　　　　　를 받을게요.
　　 질문 : 그는 무엇을 하려고 하는가?
　　 학생 : 그는 전화를 받으려고 한다.
　　　　　他去接电话。

　 (3) 여 : 미스 위가 당신에게 전화를 했
　　　　　었어요. 그녀가 당신이 돌아
　　　　　오면 자기에게 전화를 걸어달
　　　　　라고 했어요.
　　 남 : 그러죠. 지금 그녀에게 전화
　　　　　를 걸어 줄게요.
　　 질문 : 그는 무엇을 하려고 하는가?
　　 학생 : 그는 그녀에게 전화를 걸어 주
　　　　　려한다.
　　　　　他要给于小姐回电话。

　 (4) 남 : 오후에 내가 당신에게 전화할
　　　　　게요.

여 : 좋아요. 오후에 나는 당신의
　　　전화를 기다릴게요.
질문 : 오후에 여자는 무엇을 하려고
　　　하는가?
학생 : 그녀는 오후에 그의 전화를 기
　　　다릴 것이다.
　　　下午她要等电话。

② (1) 남 : 근처 어디에 드라이클리닝 할
　　　　수 있는 곳이 있죠?
　　여 : 앞쪽에 세탁소가 하나 있어요.
　　질문 : 그는 무엇을 묻고 있는가?
　　학생 : 그는 근처에서 드라이클리닝
　　　　할 수 있는 곳을 물었다.
　　　　他问，附近哪儿可以干
　　　　洗衣服。

　(2) 남 : 실례지만 근처 어디에 꽃가게
　　　　가 있나요?
　　여 : 앞쪽에 있어요. 세탁소 옆이
　　　　에요.
　　질문 : 그는 무엇을 묻고 있는가?
　　학생 : 그는 근처 어디에 꽃가게가 있
　　　　는지를 물었다.
　　　　他问，附近哪儿有花店。

　(3) 남 : 여기에 공중전화가 있나요?
　　여 : 여기에 없고 길 건너편에 있
　　　　어요.
　　질문 : 그는 무엇을 묻고 있는가?
　　학생 : 그는 여기에 공중전화가 있는
　　　　지를 물었다.
　　　　他问，这儿有没有公用
　　　　电话。

(4) 남 : 서점에서 테이프 팔아요?

여 : 물론 팔지요.

질문 : 그는 무엇을 묻고 있는가?

학생 : 그는 서점에서 테이프를 파는 지 물었다.

他问，书店里卖不卖磁带。

8

① (1) 남 : 열심히 책을 읽고 말은 하지 마세요.

질문 : 그는 무엇이라고 말했나?

학생 : 그는 열심히 책을 읽고 말을 하지 말라고 했다.

他说，好好儿看书，别说话。

(2) 여 : 수업할 때 음식물을 먹지 마세요.

질문 : 그녀는 무엇이라고 말했나?

학생 : 그녀는 수업할 때 음식물을 먹지 말라고 했다.

她说，上课的时候别吃东西。

(3) 남 : 이 일은 누나에게 알리지 마세요.

질문 : 그는 무엇이라고 말했나?

학생 : 그는 이 일을 자기 누나에게 알리지 말라고 했다.

他说，这件事别告诉他姐姐。

(4) 여 : 떠들지 말고 조용히 하세요.

질문 : 그녀는 무엇이라고 말했나?

학생 : 그녀는 떠들지 말고 조용히 하라고 했다.

她说，别吵了，请安静。

② (1) 여 : 당신은 전에 꾸이린에 간 적이 있나요?

남 : 간 적이 있어요. 일년 전에 한번 간 적이 있어요.

질문 : 그는 꾸이린에 간 적이 있는가?

학생 : 간 적이 있다. 일년 전에 한번 간 적이 있다.

去过，一年以前他去过一次。

(2) 남 : 당신은 전에 그를 알고 있었나요?

여 : 알지 못했어요. 그를 만난 적이 없어요.

질문 : 그녀는 전에 그를 알고 있었나?

학생 : 몰랐다. 그를 만난 적이 없다.

不认识。她以前没见过那个人。

(3) 남 : 실례지만 이 문장을 다시 한번 설명해 주시겠어요.

여 : 이 문장은 선생님이 설명한 적이 있어요.

남 : 맞아요. 하지만 아직 잘 모르겠어요.

질문 : 이 문장은 선생님이 설명해 준 적이 있는가?

학생 : 이 문장은 선생님이 설명한 적
이 있다.

这个句子老师解释过。

9

① (1) 여 : 당신들은 그를 어떻게 부르
죠?

남 : 우리는 그를 라오 장이라고 불
러요.

질문 : 그녀는 무엇을 묻고 있는가?

학생 : 그녀는 그들이 그를 어떻게 부
르는지를 묻고 있다.

她问，他们怎么称呼他。

(2) 여 : 이 녹음기 어떻게 사용하죠?

남 : 아주 쉬워요, 제가 당신에게
가르쳐 드릴게요.

질문 : 그녀는 무엇을 묻고 있는가?

학생 : 그녀는 이 녹음기를 어떻게 사
용하는지를 묻고 있다.

**她问，这个录音机怎么
用。**

(3) 남 : 이 문제는 어떻게 대답하죠?

여 : 나도 몰라요.

질문 : 그는 무엇을 묻고 있는가?

학생 : 그는 이 문제에 어떻게 답해
야하는지를 묻고 있다.

**他问，这个问题怎么回
答。**

(4) 여 : 이 문장은 어떻게 번역합니
까?

남 : 당신 샤오 양에게 물어 보세
요.

질문 : 그녀는 무엇을 묻고 있는가?

학생 : 그녀는 이 문장을 어떻게 번
역하는지를 묻고 있다.

她问，这句话怎么翻译。

② (1) 갑 : 저기 문 입구에서 (차를) 세
워주실 수 있어요?

을 : 그럼요.

질문 : 그는 무엇을 하려고 하는가?

학생 : 그는 그 문 입구에서 차를 세
우고 싶어 한다.

**他想在那个门口停 一下
车。**

(2) 갑 : 두 번째 신호등 앞에서 차를
세워 주세요.

을 : 죄송하지만 신호등 앞에서는
차를 세울 수 없어요.

질문 : 그녀는 무엇을 하려고 하는
가?

학생 : 그녀는 두 번째 신호등 앞에
서 차를 세우려고 한다.

**她要在第二个红绿灯前
边停一下车。**

(3) 갑 : 어떻게 가죠?

을 : 두 번째 고가도로에서 남쪽으
로 갑시다.

질문 : 그는 어떻게 가자고 하는가?

학생 : 그는 두 번째 고가도로에서 남
쪽으로 가자고 말했다.

**他说从第二个立交桥往
南走。**

(4) 갑 : 아저씨, 앞쪽 교차로에서 차를 돌릴 수 있어요?

을 : 그럼요.

질문 : 운전기사는 무엇을 할 수 있다고 하는가?

학생 : 그는 앞쪽 교차로에서 차를 돌릴 수 있다고 말했다.

他说，前边的路口可以掉头。

10

① (1) 갑 : 실례지만, 전시장은 어떻게 가죠?

을 : 앞으로 가다가 교차로에서 우회전하세요.

질문 : 전시장은 어떻게 가는가?

학생 : 앞으로 가다가 교차로에서 우회전한다.

往前走，到路口往右拐。

(2) 갑 : 실례지만 동물원은 어떻게 가죠?

을 : 저쪽으로 가다가 교차로에서 좌회전하세요.

질문 : 동물원은 어떻게 가는가?

학생 : 저쪽으로 가다가 교차로에서 좌회전한다.

往那边走，到路口往左拐。

(3) 갑 : 실례지만 중국은행은 어떻게 가죠?

을 : 동쪽으로 곧장 가세요.

질문 : 중국은행은 어떻게 가는가?

학생 : 동쪽으로 곧장 간다.

一直往东走。

(4) 갑 : 실례지만 천안문은 어떻게 가죠?

을 : 서쪽으로 3,4백 미터 가면 나와요.

질문 : 천안문은 어떻게 가는가?

학생 : 서쪽으로 3,4백 미터 가면 나온다.

往西走三四百米就是。

② (1) 여 : 내가 잘못 말했어요.

질문 : 그녀는 뭐라고 말했나?

학생 : 그녀는 자신이 잘못 말했다고 했다.

她说她说错了。

(2) 남 : 내가 잘못 들었어요.

질문 : 그는 뭐라고 말했나?

학생 : 그는 자신이 잘못 들었다고 말했다.

他说他听错了。

(3) 여 : 나는 잘못 보았어요.

질문 : 그녀는 뭐라고 말했나?

학생 : 그녀는 자신이 잘못 보았다고 말했다.

她说她看错了。

(4) 남 : 나는 잘못 썼어요.

질문 : 그는 뭐라고 말했나?

학생 : 그는 자신이 잘못 썼다고 말했다.

他说他写错了。

11

① (1) 갑 : 나는 어제 저녁 12 시에야 잠
　　　　을 잤어요.
　　질문 : 그는 어제 저녁 몇 시에 잠을
　　　　잤는가?
　　학생 : 그는 어제 저녁 12 시에야 잠
　　　　을 잤다.
　　　　他昨天晚上十二点才睡。

　(2) 갑 : 나는 오늘에야 그 일에 관해
　　　　들었어요.
　　질문 : 그녀는 언제 그 일에 관해 들
　　　　었는가?
　　학생 : 그녀는 오늘에야 그 일에 관
　　　　해 들었다.
　　　　她今天才听说这件事。

　(3) 갑 : 나는 이제서야 그녀의 중국어
　　　　이름을 알았어요.
　　질문 : 그는 이제서야 무엇을 알았
　　　　나?
　　학생 : 그는 이제서야 그녀의 중국어
　　　　이름을 알았다.
　　　　他才知道她的中文名字。

　(4) 갑 : 나는 네 번을 듣고서야 분명
　　　　히 알아들었어요.
　　질문 : 그녀는 몇 번을 들어서야 분
　　　　명히 알아들었나?
　　학생 : 그녀는 네 번을 듣고서야 분
　　　　명히 알아 들었다.
　　　　她听了四遍才听明白。

② (1) 갑 : 새 이웃은 나에게 친절해요.
　　질문 : 그녀의 새 이웃은 그녀에게 친

절한가?
　　학생 : 그녀의 새 이웃은 그녀에게 친
　　　　절하다.
　　　　她的新邻居对她很友好。

　(2) 갑 : 사장은 나에게 잘해 주지 않
　　　　아요.
　　질문 : 누가 그에게 잘해 주지 않는
　　　　가?
　　학생 : 그의 사장은 그에게 잘해 주
　　　　지 않는다.
　　　　他的老板对他不好。

　(3) 갑 : 집주인은 유학생에게 친절해
　　　　요.
　　질문 : 그녀의 집주인은 누구에게 친
　　　　절한가?
　　학생 : 그녀의 집주인은 유학생에게
　　　　친절하다.
　　　　**她的房东对留学生很友
　　　　好。**

　(4) 갑 : 형은 유럽문화에 관심을 가지
　　　　고 있어요.
　　질문 : 그의 형은 무엇에 관심을 가
　　　　지고 있는가?
　　학생 : 그의 형은 유럽문화에 관심을
　　　　가지고 있다.
　　　　**他哥哥对欧洲文化很有
　　　　兴趣。**

12

① (1) 갑 : 당신은 새 친구를 알게 되었
　　　　나요?

을 : 나는 이미 새 친구를 많이 알게 되었어요.

학생 : 그녀는 이미 새 친구를 많이 알게 되었다.

她已经认识了很多新朋友了。

(2) 갑 : 당신은 쓰레기를 쏟았나요?

을 : 쏟았어요. 나는 진작에 쏟았어요.

학생 : 그는 진작에 쓰레기를 쏟았다.

他早就倒了垃圾了。

(3) 갑 : 당신은 어째서 이제야 이 문제를 발견했나요?

을 : 나는 이 문제를 진작 발견했지만 방법이 없었어요.

학생 : 그는 이 문제를 진작 발견했다.

他早就发现了这个问题了。

(4) 갑 : 당신들의 문제는 해결되었나요?

을 : 이미 해결했어요.

학생 : 그들은 이미 문제를 해결했다.

他们已经解决了问题了。

② (1) 갑 : 공부를 제외하고 나는 다른 것은 모두 좋아해요.

질문 : 그는 무엇을 좋아하는가?

학생 : 공부를 제외하고 그는 다른 것은 모두 좋아한다.

除了学习以外，别的他都喜欢做。

(2) 갑 : 가족을 제외하고 나는 다른 사람은 몰라요.

질문 : 그녀는 누구를 아는가?

학생 : 가족을 제외하고 그녀는 다른 사람은 모른다.

除了家里人，别的人她都不认识。

(3) 갑 : 주말을 제외하고 다른 시간은 나는 모두 일을 해요.

질문 : 그는 언제 일하는가?

학생 : 주말을 제외하고 다른 시간은 그는 모두 일을 한다.

除了周末，别的时间她都工作。

(4) 갑 : 이 일은 나를 제외하고 다른 사람은 몰라요.

질문 : 이 일은 누가 아는가?

학생 : 이 일은 그녀를 제외하고 다른 사람은 모른다.

这件事除了她以外，别的人都不知道。

13

① (1) 갑 : 성탄절이 다 되어간다.

학생 : 성탄절이 다 되어간다.

圣诞节快要到了。

(2) 갑 : 내 딸은 곧 중학생이 된다.

학생 : 그녀의 딸은 곧 중학생이 된다.

她女儿就要上中学了。

(3) 갑 : 내일 나는 홍콩으로 돌아간다.

학생 : 내일 그는 홍콩으로 돌아간다.

明天他就要回香港了。

(4) 갑 : 내 아내는 곧 아이를 낳을 것이다.

학생 : 그의 아내는 곧 아이를 낳을 것이다.

他太太快要生孩子了。

(5) 갑 : 회의가 곧 시작되니 조용히 해 주세요.

학생 : 회의가 곧 시작되니 조용히 해 주세요.

要开会了，请安静。

② (1) 갑 : 나는 아무것도 하고 싶지 않아.

을 : 너는 정말 게을러.

질문 : 그는 무엇을 하고 싶다고 했나?

학생 : 그는 아무것도 하고 싶지 않다고 말했다.

他说他什么事都不愿意做。

(2) 갑 : 나는 아무도 두렵지 않아.

을 : 나는 못 믿겠는걸.

질문 : 그녀는 자신이 누가 두렵다고 했는가?

학생 : 그녀는 아무도 두렵지 않다고 말했다.

她说她谁都不怕。

(3) 갑 : 나는 어디든 다 가 봤어.

을 : 허풍떨지마.

질문 : 그는 어디를 가 봤다고 했나?

학생 : 그는 어디든 다 가 봤다고 말했다.

他说他哪儿都去过。

(4) 갑 : 우리 아빠는 무엇이든 다 알고 계시고 무엇이든 할 줄 아셔.

을 : 네 아빠 정말 대단하시다!

질문 : 왜 그녀의 아빠가 대단하다고 했는가?

학생 : 그녀의 아빠는 뭐든 다 알며 무엇이든 할 줄 알기 때문이다.

因为她爸爸什么都懂，什么都会。

③ (1) 갑 : 공원 산책하러 가자.

을 : 좋아요. 어디로 가는 게 좋을까요?

갑 : 북해공원으로 가요.

질문 : 그는 어디로 가는 게 좋다고 생각하는가?

학생 : 그는 북해공원으로 가는 게 좋다고 생각한다.

他觉得去北海公园好。

(2) 갑 : 무슨 색깔로 선물을 포장하는 것이 좋을까요?

을 : 빨간색으로 하는 게 좋겠어요.

질문 : 그녀는 무슨 색깔로 선물을 포장하는 것이 좋다고 생각하는가?

학생 : 그녀는 빨간색으로 선물을 포

장하는 것이 좋다고 생각한다.

她觉得用红色的纸包礼物好。

(3) 갑 : 우리 어느 길로 가는 게 좋을까요?

을 : 사환로로 가는 것이 좋겠어요. 사환로는 차가 많지 않아요.

질문 : 그녀는 어느 길로 가는 게 좋다고 생각하는가?

학생 : 그녀는 사환로로 가는 게 좋다고 생각한다.

她觉得从四环路走好。

(4) 갑 : 내가 이 일을 그녀에게 알리는 게 좋을까요 알리지 않는 게 좋을까요?

을 : 그녀에게 알리지 않는 게 좋겠어요.

질문 : 그는 이 일을 그녀에게 알리는 것에 대해 어떻게 생각하는가?

학생 : 그는 그녀에게 알리지 않는 게 좋다고 생각한다.

他觉得这件事不告诉她好。

④ (1) 갑 : 봐, 이 꽃 너무 예쁘다.

학생 : 봐, 이 꽃 너무 예쁘다!

这束花儿多漂亮啊！

(2) 갑 : 들어봐, 이 노래 정말 듣기 좋다!

학생 : 들어봐, 이 노래 정말 듣기 좋다!

这首歌多好听啊！

(3) 갑 : 우리 백화점 구경 가자.

을 : 또 백화점에 가. 너무 재미없어!

학생 : 또 백화점에 가. 너무 재미없어!

又要去逛商场，多没意思啊！

14

① (1) 갑 : 당신 오빠는 키가 정말 크네요.

을 : 내 남동생 키가 더 커요.

질문 : 그녀의 오빠와 남동생 중에 누가 더 키가 큰가?

학생 : 그녀의 남동생 키가 더 크다.

她弟弟个子更高。

(2) 갑 : 그의 회화성적은 정말 좋아요.

을 : 그의 듣기성적은 더 좋아요.

질문 : 그는 회화와 듣기 중 어느 성적이 더 좋은가?

학생 : 그는 듣기성적이 더 좋다.

他的听力成绩更好。

(3) 갑 : 샤오 장은 그에게 불만을 가지고 있어요.

을 : 라오 왕은 그에게 더 불만이예요.

질문 : 샤오 장과 라오 왕 중 누가 더 그에게 불만을 가지고 있는가?

학생 : 라오 왕이 그에게 더 불만을 갖고 있다.

老王对他更不满意。

(4) 갑 : 그녀는 치마를 입은 것이 정말 아름다워요.

을 : 그녀는 치파오를 입은 것이 더 예뻐보여요.

질문 : 그녀는 무엇을 입었을 때 더 예쁜가?

학생 : 그녀는 치파오를 입은 것이 더 예뻐보인다.

她穿旗袍更漂亮。

15

① (1) 여 : 겨울에 남방은 북방보다 따뜻해요.

남 : 맞아요. 겨울에 북방은 남방만큼 따뜻하지 않아요.

질문 : 겨울은 어디가 따뜻한가?

학생 : 겨울은 남방이 따뜻하다.

冬天南方暖和。

(2) 남 : 봄에 북방은 남방보다 건조해요.

여 : 맞아요. 봄에 남방은 북방만큼 건조하지 않아요.

질문 : 봄에 어디가 건조한가?

학생 : 봄에 북방은 건조하다.

春天北方干燥。

(3) 여 : 안이 밖보다 온도가 낮아요.

남 : 맞아요. 밖이 안만큼 온도가 낮지 않아요.

질문 : 어디의 온도가 높은가?

학생 : 밖의 온도가 높다.

外边的温度高。

(4) 여 : 나는 한자를 데이빗보다 잘 써요.

남 : 맞아요. 데이빗은 한자를 당신만큼 잘 쓰지 못해요.

질문 : 그녀는 누구보다 한자를 잘 쓰는가?

학생 : 그녀는 데이빗보다 한자를 잘 쓴다.

她写汉字比大卫写得好。

② (1) 갑 : 당신 베이징의 명승지는 모두 봤어요?

을 : 나는 거의 다 보았어요.

질문 : 그녀는 베이징의 명승지를 모두 보았는가?

학생 : 그녀는 거의 다 보았다.

她差不多都看过。

(2) 갑 : 당신 오늘 수업 다 이해했어요?

을 : 거의 대부분은요.

질문 : 그는 오늘 수업을 모두 이해했는가?

학생 : 그는 오늘 수업을 거의 이해했다.

他差不多都明白了。

(4) 갑 : 당신 이 사람들 아세요?

을 : 나는 이 사람들 거의 다 알아요.

질문 : 그녀는 이 사람들을 아는가?

학생 : 그녀는 이 사람들을 거의 다
　　　 알고 있다.

这些人她差不多都认识。

16

① (1) 여 : 빨리 가요! 우리 늦겠어요.
　　　질문 : 당신은 그들에게 무엇을 하게
　　　　　　했나?
　　　학생 : 나는 그들이 늦을 듯하여 그
　　　　　　들을 빨리 가게 했다.

**我让他们快走，他们要
晚了。**

(2) 남 : 어서 부모님께 편지를 쓰세요.
　　 질문 : 당신은 그녀에게 무엇을 하게
　　　　　 했나?
　　 학생 : 나는 그녀에게 그녀의 부모님
　　　　　 께 서둘러 편지를 쓰게 했다.

**我让她快给她爸爸妈妈
写信。**

(3) 여 : 어서 당신 여자친구에게 전화
　　　 를 해주세요.
　　 질문 : 당신은 그에게 무엇을 하게 했
　　　　　 나?
　　 학생 : 나는 그가 그의 여자친구에게
　　　　　 전화를 걸어주게 했다.

**我让他快给他女朋友回
个电话。**

(4) 여 : 수도꼭지가 고장났어요. 어서
　　　 고치세요.
　　 질문 : 당신은 그들에게 무엇을 하게

하는가?
학생 : 나는 그가 서둘러 수도꼭지를
　　　 고치게 했다.

我让他快修修水龙头。

(5) 여 : 빨리 오세요! 영화가 시작되
　　　 려고 해요.
　　 질문 : 당신은 그들에게 무엇을 하게
　　　　　 하는가?
　　 학생 : 나는 영화가 시작하려고 해서
　　　　　 그들을 빨리 오게 했다.

**我让他们快来，电影就
要开始了。**

② (1) 남 : 먹을 것은 다 샀어요?
　　 여 : 이미 다 샀어요.
　　 질문 : 그들은 먹을 것을 다 샀는가?
　　 학생 : 그들은 이미 다 샀다.

他们已经买好了。

(2) 여 : 음식이 다 되었어요. 어서 와
　　　 식사하세요.
　　 남 : 그래요. 갑니다.
　　 질문 : 그녀는 음식을 다 했는가?
　　 학생 : 그녀는 이미 음식을 다 만들
　　　　　 었다.

她的饭做好了。

(3) 남 : 너 숙제는 다 했니?
　　 아이 : 아직 다 하지 못했어요.
　　 남 : 어서 숙제를 해.
　　 질문 : 그는 숙제를 다 했는가?
　　 학생 : 그는 아직 숙제를 다 하지 못
　　　　　 했다.

他的作业还没做好。

188

(4) 여 : 당신 사진기는 다 고쳤어요?

남 : 고치지 않았어요. 나는 고칠 줄 몰라요.

질문 : 그는 사진기를 다 고쳤는가?

학생 : 그는 사진기를 고치지 않았다. 그는 고칠 줄 모른다.

他的照相机没修好。他不会修。

③ (1) 여 : 네 책은?

아이 : 내 책 가져오는 걸 잊었어요.

질문 : 그는 무엇을 잊었나?

학생 : 그는 자기 책 가져오는 걸 잊었다.

他忘了拿他的书。

(2) 남 : 나는 내 안경 가져오는 걸 잊었어요.

질문 : 그는 무엇을 잊었나?

학생 : 그는 자기 안경 가져오는 걸 잊었다.

他忘了拿他的眼镜。

(3) 여 : 나는 문 잠그는 걸 잊었어요.

질문 : 그녀는 무엇을 잊었나?

학생 : 그녀는 문 잠그는 걸 잊었다.

她忘了锁门。

(4) 남 : 나는 열쇠 가져오는 걸 잊었어요.

질문 : 그는 무엇을 잊었나?

학생 : 그는 열쇠 가져오는 걸 잊었다.

他忘了带钥匙。

17

① (1) 중국인 : 나는 젓가락으로 식사를 해요.

남 : 중국사람은 젓가락으로 식사를 해요.

질문 : 중국사람은 무엇으로 식사하는 습관이 있는가?

학생 : 중국사람은 젓가락를 쓰는 습관이 있다.

中国人习惯用筷子吃饭。

(2) 외국인 : 나는 나이프와 포크로 식사를 하죠.

여 : 서양사람은 나이프와 포크로 식사하는 습관이 있어요.

질문 : 서양사람은 무엇으로 식사하는 습관이 있는가?

학생 : 서양사람은 나이프와 포크로 식사하는 습관이 있다.

西方人习惯用刀子和叉子吃饭。

(3) 여 : 이것은 연필로 써서는 안 돼요.

남 : 알았어요.

질문 : 그녀는 무엇으로 써서는 안 되는가?

학생 : 연필로 써서는 안 된다.

不可以用铅笔写。

(4) 남 : 나는 무슨 펜으로 써야만 하죠?

여 : 당신은 만년필로 쓰셔야 해요.

질문 : 그는 무슨 펜으로 써야만 하는가?

학생 : 그는 꼭 만년필로 써야만 한다.

他应该用钢笔写。

② (1) 여 : 당신들 중국어문법을 다 배웠
나요?

남 : 아직 다 배우지 않았어요.

질문 : 그들은 중국어문법을 다 배웠
는가?

학생 : 그들은 아직 중국어문법을 다
배우지 않았다.

汉语语法他们还没学完。

(2) 남 : 선생님이 당신들에게 중국어
발음을 다 가르쳤나요?

여 : 선생님은 우리에게 모두 가르
쳐주었어요.

질문 : 선생님은 중국어발음을 그들
에게 다 가르쳤는가?

학생 : 선생님은 그들에게 중국어발
음을 모두 가르쳐 주었다.

**汉语语音老师给他们讲
完了。**

여 : 하지만 나는 다 배우지 못했
어요.

질문 : 그녀는 중국어발음을 다 배웠
는가?

학생 : 그녀는 중국어발음을 다 배우
지 못했다고 말했다.

她说她没学好汉语语音。

(3) 여 : 당신 소설은 다 썼어요?

남 : 아직 다 못 썼어요.

질문 : 그는 소설을 다 썼는가?

학생 : 그는 소설을 아직 다 쓰지 못
했다.

他的小说还没写完。

18

① (1) 남 : 내 아들은 키가 1 미터가 채
되지 않아요.

여 : 그럼 그는 표를 살 필요 없어
요.

질문 : 그의 아들은 키가 얼마인가?

학생 : 그의 아들은 키가 채 1 미터
도 되지 않는다.

他儿子不够一米高。

(2) 여 : 내 돈은 옷을 사기에 충분하
지 않아요.

남 : 당신 돈은 항상 쓰기에는 부
족하군요.

질문 : 그녀의 돈은 옷을 사기에 충
분한가?

학생 : 그녀의 돈은 옷을 사기에 충
분하지 않다.

她的钱不够买衣服。

(3) 남 : 나는 시간이 항상 부족해요.

여 : 당신 정말 바쁘시군요.

질문 : 그는 시간이 충분한가?

학생 : 그는 시간이 항상 부족하다.

他的时间总是不够用。

(4) 남 : 이 음식들은 이렇게 많은 사람
이 먹기에는 충분하지 않아요.

여 : 그럼 우리 좀더 사러 가죠.

질문 : 그는 이 음식들이 먹기에 충
분하다고 생각하는가?

학생 : 그는 이런 음식들이 이렇게 많
은 사람이 먹기에는 충분하지
않다고 생각한다.

**他觉得这些东西不够这
么多人吃。**

② (1) 여 : 당신은 무엇을 잘 먹지요?

남 : 나는 비프스테이크를 잘 먹어요.

질문 : 그는 무엇을 잘 먹는가?

학생 : 그는 비프스테이크를 잘 먹는다.

他爱吃牛排。

(2) 남 : 당신은 햄버거를 즐겨 먹나요?

여 : 나는 특히 햄버거를 즐겨 먹어요.

질문 : 그녀는 특히 무엇을 즐겨 먹는가?

학생 : 그녀는 특히 햄버거를 즐겨 먹는다.

她特别爱吃汉堡包。

(3) 여 : 나는 영화를 잘 봐요.

남 : 나도 영화를 좋아해요.

질문 : 그들의 취미는 무엇인가?

학생 : 그들은 영화를 즐겨 본다.

他们都爱看电影。

(4) 남 : 아버지는 농구를 좋아해요.

여 : 어머니는요?

남 : 어머니는 소설을 즐겨 읽어요.

질문 : 그의 아버지와 어머니의 취미는 무엇인가?

학생 : 그의 아버지는 농구를 즐겨하며 어머니는 소설읽기를 즐기신다.

他爸爸爱打篮球，他妈妈爱看小说。

③ (1) 여 : 우리 아들은 너처럼 아주 게

을러.

학생 : 그의 아들은 그처럼 게으르다.

他的儿子跟他一样懒。

(2) 남 : 내 형은 나처럼 운동을 좋아해요.

학생 : 그의 형은 그처럼 운동을 좋아한다.

他哥哥跟他一样喜欢运动。

(3) 여 : 베이징은 상하이와는 달라요.

남 : 베이징은 건조하고 상하이는 습하죠.

학생 : 베이징의 날씨는 상하이와 다르다.

北京跟上海天气不一样。

(4) 남 : 아버지와 어머니는 달라요.

여 : 무엇이 다르죠?

남 : 아버지는 말하기를 좋아하시고 어머니는 말하는 걸 싫어하세요.

학생 : 그의 아버지는 그의 어머니와 성격이 다르다.

他爸爸跟他妈妈性格不一样。

19

① (1) 갑 : 지금 몇 시죠?

학생 : 7시 3분 전이요.

差三分七点。

(2) 갑 : 당신은 몇 시에 전시장에 도

착하죠?

학생 : 8시 10분 전에요.

差十分八点。

(3) 갑 : 급우들은 모두 도착했어요?

학생 : 아직 한 명이 오지 않았어요.

还差一个同学没来。

(4) 남 : 당신은 자동차를 사기에 아직도 얼마나 부족하죠?

학생 : 아직 8000 위엔이 부족해요.

还差八千块钱。

(5) 학생 : 당신은 집을 사기에 아직도 얼마나 부족하죠?

你买房子还差多少钱?

남 : 아직 만 위엔이 부족해요.

② (1) 여 : 시간이 다 되었어요.

남 : 우리 다른 곳을 참관하기에는 늦었네요.

질문 : 그들은 다른 곳을 참관할 시간이 있는가?

학생 : 그들은 다른 곳을 참관하기에 늦었다.

他们来不及参观别的地方了。

(2) 남 : 당신 언제 베이징을 떠나요?

여 : 내일 아침이요. 나는 친구들과 작별인사를 나누는 것도 늦어버렸네요.

질문 : 그녀는 친구들과 작별인사를 나누기에 늦었는가?

학생 : 그녀는 친구들과 작별인사를

나누는 것도 늦어버렸다.

她来不及和朋友们告别了。

③ (1) 남 : 내가 당신 짐 드는 걸 도와드리죠.

학생 : 그럼 너무 미안하죠.

那多不好意思。

남 : 괜찮아요.

(2) 여 : 당신 처음 베이징에 오신 거죠. 내가 공항에 당신 마중나갈게요.

학생 : 당신을 번거롭게 해드려서 죄송해요.

不好意思, 麻烦你了。

(3) 남 : 샤오 왕은 항상 자기 일을 끝내지 않아요.

학생 : 샤오 왕은 미안하게 생각해야 해요.

他应该觉得不好意思。

④ (1) 여 : 탕추위는 무슨 맛이죠?

학생 : 탕추위는 달면서 시지요.

糖醋鱼又甜又酸。

(2) 남 : 샤오 왕의 여자친구는 어때요?

학생 : 그의 여자친구는 아주 훌륭하지요, 똑똑하고 착해요.

他的女朋友非常好, 又聪明又善良。